兵庫県
岡山県
松江19
広瀬3
母里1
鳥取県
鹿野3
若桜2
鳥取33
豊岡2
出石3
対馬10
浜田6
島根県
津和野4
長州37
三草1
柏原2
篠山6
平戸新田1
佐賀県
福岡県
小倉新田1
小倉15
清末1
長府5
山口県
広島43
広島新田3
広島県
福山11
新見2
松山5
浅尾1
岡山新田2
岡田1
足守3
庭瀬2
勝山2
岡山32
津山10
三日月2
山崎1
安志1
姫路15
三田4
平戸6
唐津6
福岡47
徳山4
岩国6
鴨方3
赤穂2
林田1
小野1
明石8
龍野5
五島1
長崎県
小城7
佐賀36
蓮池5
柳河12
久留米21
秋月5
中津10
日出2
杵築3
今治4
多度津1
高松12
岸和田5
伯太1
狭山1
大村3
鹿島2
三池1
森1
大分県
吉田3
大洲6
新谷1
松山15
小松1
西条3
丸亀5
香川県
愛媛県
徳島県
徳島26
大阪府
紀州56
和歌山県
島原7
熊本新田4
熊本54
熊本県
岡7
府内2
臼杵5
佐伯2
宇和島10
高知県
土佐24
土佐新田1
田辺4
宇土3
延岡7
宮崎県

シリーズ藩物語

桑名藩

郡義武……著

現代書館

プロローグ

桑名藩物語

桑名は中世より「十楽の津」とよばれ、商人の港町、交易の中心として繁栄した。戦国時代の永正十二年（一五一五）頃、連歌師宗長の手記に「港の広さ五～六町、寺々家々の数が数千軒、停泊する数千艘の船の明かりが川に映って、星のきらめくように見える」と記されている。

江戸時代に入り、松平家十一万石の城下町として、また海上七里で熱田の宮と結ぶ港町、東海道四十二番目の宿場として、大いに発展した。この気候も温暖な地桑名を交通や経済の要地と考えた徳川家康は、関ヶ原の戦いの直後、慶長六年（一六〇一）、四天王の一人、戦国の雄、本多平八郎忠勝を上総大多喜より移封し、この地を治めさせた。

忠勝は「慶長の町割り」とよばれる大がかりな城郭、町並みの整備を行い、現代まで続く桑名の都市計画の基礎をつくった業績は大きい。忠勝・忠政親子二代が統治すること十七年、その間、忠勝の孫忠刻は、家康の孫千姫と結婚し桑名城内に住んだ。

藩という公国

江戸時代、日本には千に近い独立公国があった

江戸時代。徳川将軍家の下に、全国に三百諸侯《しょこう》★の大名家があった。ほかに寺領や社領、知行所《ちぎょうしょ》★をもつ旗本領《はたもとりょう》などを加えると数え切れないほどの独立公国があった。そのうち諸侯を何々家《け》家中《かちゅう》と称していた。家中は主君を中心に家臣が忠誠を誓い、強い連帯感で結びついていた。家臣の下には足軽層《あしがるそう》★がおり、全体の軍事力の維持と領民の統制をしていたのである。その家中を藩と後世の史家は呼んだ。

江戸時代に何々藩と公称することはまれで、明治以降の使用が多い。それは近代からみた江戸時代の大名の領域や支配機構を総称する歴史用語として使われた。その独立公国たる藩にはそれぞれ個性的な藩風《はんぷう》と元和三年（一六一七）、本多家は姫路に移封となり、家康ともっとも血縁濃厚な異父弟・松平（久松）定勝が伏見より桑名へ入った。その子定行と二代、十八年桑名を治めた後、伊予松山へ転封となった。

寛永十二年（一六三五）、松平（久松）定綱が大垣より、桑名十一万三千石の城主となった。定綱は定勝の三男で、豪気かつ学徳兼備の名君であった。通常、桑名藩とはこの時代からであり、定綱が桑名藩藩祖といわれ、のち鎮国様として祀られている。

定綱―定良―定重と三代、七十五年、桑名を統治したが、宝永七年（一七一〇）、越後高田へ転封となった。代わりに福山から松平（奥平）忠雅が桑名に入り、その子、忠刻―忠啓―忠功―忠和―忠翼―忠堯と七代、百十三年間桑名を治めた。

が、文政六年（一八二三）、いわゆる「三方お得替え」で武蔵忍へ移封となった（忍の阿部正権は白河へ移封）。

白河からは、「寛政の改革」を断行した元老中首座・松平定信の子、松平（久松）定永が桑名へと入った。この所替えには祖先墳墓の地に戻りたいとの、定信の強い意志が働いていた。定信は老齢で江戸をはなれず、桑名へは来なかったが、定信の薫陶をうけた藩

自立した政治・経済・文化があった。幕藩体制とは歴史学者伊東《いとう》多《た》三郎《さぶろう》氏★の視点だが、まさに将軍家の諸侯の統制と各藩の地方分権が巧く組み合わされていた、連邦でもない奇妙な封建的国家体制であった。

今日に生き続ける藩意識

明治維新から百三十年以上経っているのに、今でも日本人に藩意識があるのはなぜだろうか。明治四年（一八七一）七月、明治新政府は廃藩《はいはん》置県《ちけん》★を断行した。県を置いて、支配機構を変革し、今までの藩意識を改めようとしたのである。ところが、今でも、「あの人は薩摩藩の出身だ」とか、「我らは会津藩の出身だ」と言う。それは侍出身だけでなく、藩領出身も指しており、藩意識が県民意識をうわまわっているところさえある。むしろ、今でも藩対抗の意識が地方の歴史

士は、桑名の藩政ならびに文化向上に大いに貢献した。

定永―定和―定猷―定敬と続き幕末を迎えたが、定敬は元治元年(一八六四)四月、京都所司代を拝命、決然とこれを引き受けた。ここに実兄の会津藩主・松平容保(京都守護職)を助けて、会津―桑名の強力な兄弟コンビが誕生した。

桑名藩が歴史上に華々しく登場したのは、これが最初で最後であった。が、時勢は我に利あらず、幕府の屋台骨は音をたてて崩れ去った。慶応四年(一八六八)一月、鳥羽伏見の戦いで敗れるや、一転、会津藩とともに第一等の朝敵賊軍とされ、藩主不在の桑名城は早々と無血開城した。

しかし、一部の桑名藩士は、会津を助けるため、また武士の誇りと意地と義のために、負けるとわかってはいたが、北越、庄内から遠く箱館へ渡った藩主定敬と共に、翌明治二年五月まで断固戦い続けたのであった。

結果、維新後五万石を減らされ、朝敵の烙印を押され苦難の道をあゆむことになったが、節を曲げず義を貫いた反骨精神の代償と考えれば安いもの? であったことはその後の歴史が証明している。


文化を動かしている。そう考えると、江戸時代に育まれた藩民意識が現代人にどのような影響を与え続けているのかを考える必要があるだろう。それは地方に住む人々の運命共同体としての藩の理性が今でも生きている証拠ではないかと思う。

藩の理性は、藩風とか、藩是《はんぜ》とか、ひいては藩主の家風ともいうべき家訓などで表されていた。

〔稲川明雄(本シリーズ『長岡藩』筆者)〕

諸侯▼江戸時代の大名。
知行所▼江戸時代の旗本が知行として与えられた土地。
足軽層▼足軽・中間・小者など。
伊東多三郎▼近世藩政史研究家。東京大学史料編纂所所長を務めた。
廃藩置県▼藩体制を解体する明治政府の政治改革。廃藩により全国は三府三〇二県となった。同年末には統廃合により三府七二県となった。

蟠龍櫓と蟠龍

六華苑（一部）

蟠龍櫓より揖斐川を望む

寺町通り商店街

諸戸氏庭園の煉瓦蔵

シリーズ藩物語　桑名藩

目次

エピローグ

これも桑名

桑名藩主一覧

代	襲封	藩主名（生没）	備考	
初代	慶長６年（1601）	本多忠勝《ただかつ》（1548～1610）		
２代	慶長15年（1610）	忠政《ただまさ》（1575～1631）	元和３年（1617）姫路へ移封	
３代	元和３年（1617）	松平定勝《さだかつ》（1560～1624） （久松）	伏見より移封	
４代	寛永元年（1624）	定行《さだゆき》（1587～1668）	寛永12年（1635）伊予松山へ移封	
５代	寛永12年（1635）	松平定綱《さだつな》（1592～1651）	大垣より移封	
６代	承応元年（1652）	定良《さだよし》（1632～1657）		
７代	明暦３年（1657）	定重《さだしげ》（1644～1717）	宝永７年（1710）越後高田へ移封	
８代	宝永７年（1719）	松平忠雅《ただまさ》（1683～1746） （奥平）	福山より移封	定逵《さだみち》
９代	延享３年（1746）	忠刻《ただとき》（1718～1782）		定輝《さだてる》
10代	明和８年（1771）	忠啓《ただひら》（1746～1786）		定儀《さだのり》
11代	天明７年（1787）	忠功《ただかつ》（1756～1830）		定賢《さだより》（白河移封）
12代	寛政５年（1793）	忠和《ただかず》（1759～1802）		定邦《さだくに》
13代	享和２年（1802）	忠翼《ただすけ》（1780～1821）		定信《さだのぶ》（樂翁）
14代	文政４年（1821）	忠堯《ただたか》（1801～1864）	文政６年（1823）忍へ移封	定永《さだなが》
15代	文政６年（1823）	松平定永《さだなが》（1791～1838） （久松）	白河より移封←	
16代	天保９年（1838）	定和《さだかず》（1812～1841）		
17代	天保12年（1841）	定猷《さだみち》（1834～1859）		
18代	安政６年（1859）	定敬《さだあき》（1846～1908）		

（本書50ページ参照）

第一章 桑名藩の創設

徳川四天王の一人、本多平八郎忠勝、桑名へ入り基礎を築く。

①本多忠勝の桑名就封

関ヶ原の戦いののち、徳川四天王の一人本多平八郎忠勝が十万石で桑名へ入部した。忠勝はただちに大がかりな慶長の町割りと宿場の整備を行い、今日に至る桑名繁栄の基礎を築いた。

徳川四天王・本多忠勝

天下分け目の関ヶ原の戦い直後、慶長六年（一六〇一）一月、功を以て本多《ほんだ》中《なか》務《つかさ》大輔忠勝《たいゆうただかつ》は、勢州桑名十万石に封ぜられた。直ちに城郭を修築し、町割りを断行し民政をもとり行って、桑名藩創設の名君と仰がれた。忠勝は慶長十五年（一六一〇）桑名で没したが、その子忠政《ただまさ》が後を継ぎ元和三年（一六一七）七月播州姫路に移封されるまで、父子二代十七年間桑名を統治した。

本多忠勝は三河松平家の草創期から仕え、その武勇で徳川家康の覇業を助けた功臣で、酒井忠次、榊原康政、井伊直政とならぶ「徳川四天王」の一人である。幼名鍋之助《なべのすけ》、通称は平八郎。

忠勝の祖は九条《くじょう》右大臣《うだいじん》師輔《もろすけ》十二代の孫、藤原助秀《すけひで》。さらに助秀から六代目の

本多家家紋「立ち葵」

助時《すけとき》が安城城主松平長親《ながちか》（家康五代目の祖）に仕え、以後忠勝の祖父忠豊《ただとよ》、父忠《ただ》高《たか》、代々松平家（家康の祖）に仕え、忠勝の父忠高、祖父忠豊、叔父忠真《ただざね》らはすべてその時の主君の御馬前で討死にをとげた武勇の家柄であった。

忠勝は天文十七年（一五四八）忠高の嫡男として三河に出生、永禄三年（一五六〇）家康大高城を守るとき、十三歳でこれに従った。初陣初首は十五歳のとき、今川氏真の将、小原備前との戦いだった。叔父忠真自身が倒した敵武将の首を忠勝に与え、初陣を飾らせようとしたが、忠勝は断わった。

「我何ぞ人の力を借りて、以て武功を立てんや」（『名将言行録』）

と言うや、すぐさま忠勝は敵陣に駆け入り、たちまち敵の首を挙げたので、叔父忠真はじめ諸将はこやつ只者でないと感じいった。

はたして忠勝はその後の戦いで必ず武勲をあげ、勇名を轟かせた。一向の乱、掛川城の戦い、姉川の戦い、三方原の戦い、長篠の戦い、小牧・長久手の戦い、小田原攻め、大坂の陣と忠勝の武功は枚挙に暇がない。ここではそのうち代表的な逸話を二つ挙げる。

元亀三年（一五七二）九月、戦国最強といわれた武田信玄が遠州見附（現磐田市）から袋井に侵入してきた。「三方原の戦い」の前哨戦ともいえるこの一戦で、見附西方一言坂に大物見★にでた忠勝ら一二〇〇は武田軍の先鋒に捕まりそうになった。この時、忠勝は単騎進み出た。

本多忠勝銅像

▼大物見
多数の兵で斥候にでる。

「黒糸の鎧に鹿角打たる冑を着、蜻蛉切りという鑓を、馬手の脇に抱込みて二反（約二二メートル）計《ばかり》に押寄せたり。敵味方の真中に馬を静に歩行ませ入れ、味方に下知して引退き、見附の人家に火を掛て、浜松にこそ帰りけれ」（『名将言行録』）

忠勝は味方を退却させるため、敵と味方両陣の間に割って入り、蜻蛉切りという長槍を頭上高く振り回し踏み止まった。さらに敵が追撃しようとするたびに数度馬首を返し、見事な進退で殿軍を務め武田軍の追撃を振り切った。そのときの忠勝の雄姿はさながら鬼神のごとく、さすがの武田軍も追撃をあきらめた。

家康に過ぎたる物が二つあり　唐の頭に本多平八

これは、信玄の近習《きんじゅ》小杉左近がつくった落首だというが、味方はもちろん敵からも武勇を賞賛された。指物は破れ、鎧に五本の矢が刺さったまま帰った忠勝の姿を見て、家康も「まことに我が家の良将なり」と激賞した。

唐の頭とは旄牛《ヤク》の尾毛の飾りがついた兜のことで、舶来の珍重品だった。三河武士はこれを好み、一〇人のうち七、八人は唐の頭をつけて出陣したという。白いものは白熊《はぐま》、赤いものは赤熊《しゃぐま》、忠勝の好んだ黒いのは黒熊《こぐま》と呼んだ。

蜻蛉が出ると　蜘蛛の子散らすなり
手に蜻蛉　頭の角のすさまじき
鬼か人か　しかとわからぬ兜なり

という平八郎忠勝を詠んだ面白い古川柳もある。

天正十二年（一五八四）四月、小牧・長久手の戦いでは、豊臣秀吉の十六段備えの大軍の進撃に対し、徳川軍は崩れ発《た》つかに見えた。その時小牧から駆けつけた忠勝はわずか五〇〇の手兵を率い、四、五町（約四、五〇〇メートル）をへだてて捨て身の気迫で機先を制した。

さらに忠勝は龍泉寺川に単騎乗り入れ、悠々と馬の口を洗わせた。この振舞いを見た秀吉軍は驚いて進撃をためらい戦機は去った。忠勝はここが死に時と考え、豪胆な振舞いにでることによって、またも天下に武名を高からしめた。

この時代に武将が働くというのは合戦することだが、忠勝の戦巧者ぶりは抜群で、十三歳の従軍をはじめとして、生涯に大小五七度の戦いに及んだが、「終に一所の手も負わず」（『藩翰譜』）、一度も手疵を負わなかったと伝えられている。

同じ四天王の井伊直政などは、戦いの度に疵を受け、文字通り満身創痍で、その最後も関が原の鉄砲疵がもとだった。これはもちろん「運」もあるが、忠勝はやみくもに猛進するだけでなく、退くことも心得た不世出の名将だったからだろう。天正十六年（一五八八）四月、従五位下に叙せられ、中務大輔と称した。

忠勝は家康の関東入国のとき、上総大多喜十万石を与えられ、関ヶ原の戦いで大功をたてた後、伊勢桑名へ十二万石で移封され桑名・員弁《いなべ》・朝明《あさけ》・三重《みえ》四郡を領した。この時、さらに五万石の加増を約束されたが、これを固辞するという硬骨ぶりを発揮しており、そのため次男忠朝に旧知の大多喜五万石が与えられた。

桑名在城十年、慶長十五年（一六一〇）十月十八日、桑名で逝去した。享年六十三。墓は清水町浄土寺。この時、重臣中根忠実、梶原忠の両名が殉死し、忠勝の左右に埋葬された。桑名中興★の名君として今も市民から仰がれており、城跡西側には蜻蛉切りをたずさえた武将姿の銅像がある。

その臨終に際し次のような言葉を残している。「侍は首取らずとも不手柄なりとも、事の難に臨みて退かず、主君と枕を並べて討死にを遂げ、忠節を守るを指して侍という（略）」（『名将言行録』）

本多忠勝・忠政親子

慶長六年（一六〇一）四月二十四日、忠勝は嫡子忠政と共に桑名に入った。関ヶ原の戦ののち家康は、江戸を中心とした五街道の整備に着手した。五街道のうちもっとも重要なのは江戸と京都を結ぶ東海道で、五三の宿場が決められた。な

▼桑名中興
桑名は「十楽の津」と言われた頃の賑わいの後、信長に滅ぼされ寂れていた。

かでも桑名は地理的にも京都に近く、宿場町、城下町、港町という三つの機能を備えた街道の要衝であった。

元亀・天正（一五七〇〜）の頃、織田信長はたびたび伊勢桑名地方に侵攻し、一向宗（浄土真宗）門徒と戦ったが、天正二年（一五七四）、長島一向一揆を制圧すると、五武将のひとり滝川一益《たきがわかずます》を配してこの地を支配させた。

中世から桑名は伊勢神宮との関わりも深く、「十楽《じゅらく》の津★」といわれ楽市制が施行され、近江商人その他諸国の商人が集まり賑わっていたが、すべて信長のために壊滅した。その後、天野景俊《かげとし》、服部一正《かずまさ》、一柳直盛《いちやなぎなおもり》、氏家行広《うじいえゆきひろ》、松平家乗《まつだいらいえのり》ら次々と支配者が替わったが、旧来の殷賑を取り戻してはいなかった。

東海道の要衝桑名の地に、子飼いの四天王でもっとも信任の厚い本多忠勝を配したのは家康の慧眼で、それだけこの地を重要と考えていたからだろう。忠勝、忠政親子はその期待にこたえてよく働いた。

直ちに大規模な土木事業に取り組み、周到な都市計画の町割りから、城郭の修築を行い、天守閣、三之丸、諸家中屋敷、内外の堀まで三年で完成させた。これは「慶長の町割り」といわれ、桑名市街の基礎となり今日まで続いている。

▼十楽の津
十楽とは仏教でいう極楽で味わえる十種の愉びのことで、十楽の津とは諸国民が自由に取引を行うことができた湊や町。中世では〈十楽〉は自由を表わす語として使われた。

本多忠勝像（立坂神社蔵）

　忠政は忠勝の長子、通称は同じく平八郎。天正十八年夏、十六歳で父忠勝に従い武州岩槻城攻めに初陣、奮戦して功あり。慶長三年三月、従五以下に叙せられ美濃守と称した。

　慶長五年（一六〇〇）、関ヶ原の戦いでは徳川秀忠と共に中山道を進み信州上田城を攻める。同十四年（一六〇九）に家督を継ぎ、翌十五年十月父忠勝が没して忠政が桑名城主となった。

　慶長十九年（一六一四）十月十一日、大坂冬の陣に忠政は先鋒を命じられ三〇〇〇の軍勢を率いて桑名を出発した。この出陣には他国からの加勢（陣取り）も多数駆けつけた。冬の陣は家康の蟻一匹這い出る隙もない大包囲網と、「城崩し」（大砲）の威力に淀君が悲鳴をあげ、早々と和議が成立し大坂城は本丸だけの裸城となった。忠政の一隊は城北天神橋方面の守りを固めていた。

「十二月廿日時分ニ大坂御無事ニ成申候。御所様（家康）京迄御帰陣ナリ、慶長二十卯年正月六日御所様桑名へ御着ナサレ、七日ニ御渡海ナサレ候」（『慶長自記』）。悠々と帰途についた家康は桑名に一泊している。

　慶長二十年（一六一五）、忠政は再度大坂夏の陣にも軍勢二八〇〇を率いて出馬した。家康の命を受け京都に向かい御所の警備を行ったが、その後家康と共に南下し、五月七日、東大坂の道明寺の戦いで豊臣側の武将、薄田《すすきだ》隼人正《はやとのしょう》、毛利《もうり》勝永《かつなが》隊と激闘を交えた。

本多平八郎忠勝の墓（寿量寺）

午前の戦いでは薄田隼人正隊と激突し、猛進する豪勇の隼人正をようやく討ち取ったが、さらに午後になって駆けつけてきた毛利勝永隊とまたも激戦、勝永隊は形勢不利とみて引き上げた。忠政隊はこの戦いで敵首二九二級を獲得（翌七日の天王寺の戦いで、忠政の弟忠朝が勝永隊と激闘戦死した。勝永はこの日真田幸村と共に奮戦の末戦死）。

　元和三年（一六一七）、忠政はさきの働きもあって五万石を加増され、前封共十五万石、西国大名の押さえとして播州姫路に移封となった。寛永三年（一六二六）八月、従四位下に叙せられ侍従に任ぜられた。同八年（一六三一）八月十日

本多家略系図

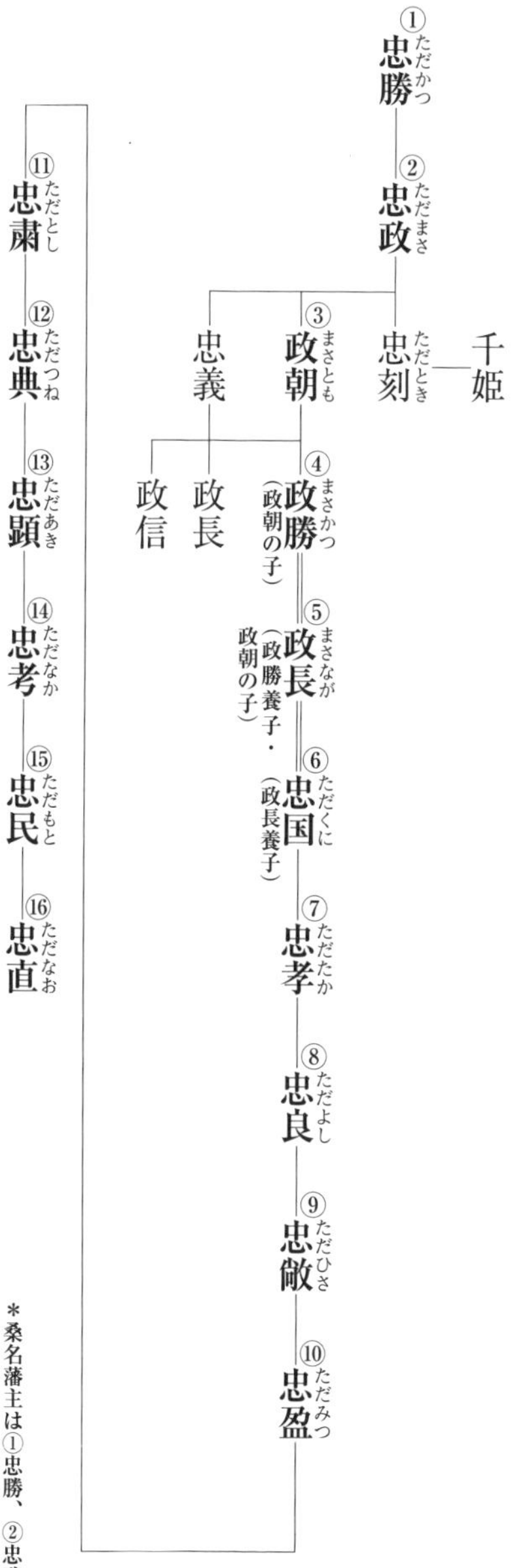

＊桑名藩主は①忠勝、②忠政

同地で没した。享年五十七歳。

　忠政の室は家康の長子信康の女★熊姫で、三男二女を挙げた。長男は忠刻、次男は政朝、三男は忠義。

桑名城の整備・天守の完成

　桑名に初めて城が築かれたのは、文治二年（一一八六）、鎌倉幕府の命により当地を支配していた伊勢平氏の桑名三郎行綱《ゆきつな》の築城が始まりといわれている。室町幕府の頃、文安五年（一四四八）、大田家興《おおたいえおき》という土豪が北市場に館を築き江の奥城と称した。

　天文十一年（一五四二）には、東城、三崎城、西城と三つの土豪の城が存在していたが、天正二年（一五七四）織田信長の伊勢平定で城は落ち、この地は信長の武将滝川一益の所領となった。一益は長島城を修築して入城し、桑名の諸城は家臣に守備させた。

　天正十九年（一五九一）、家康の家臣一柳直盛が桑名に入り、同地に初めて築城したというが、規模は小さいものだった。さらに文禄四年（一五九五）氏家行広が二万二千石で入城したが、関ヶ原の戦いで西軍石田三成側についたため、戦後領地を没収された。

▼女と娘
どちらも娘のことだが、本書では特に身分の高い者の子女を「女」、その他の子女を「娘」、と使い分けている。

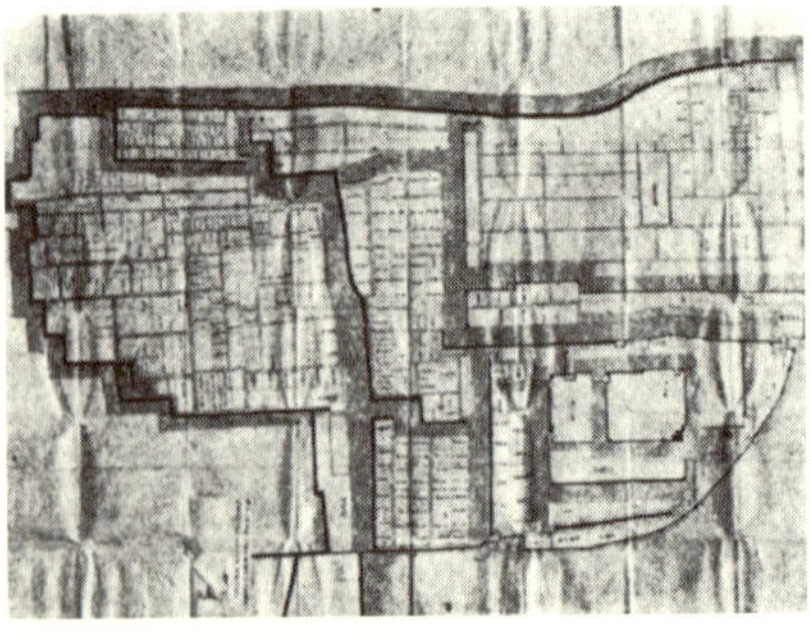
桑名城下絵図（万治三年＝1660、嶋八左衛門作）
（桑名市教育委員会刊『桑名市史』から）

そして慶長六年（一六〇一）、徳川四天王の一人、本多忠勝の入部となった。忠勝は直ちに、巨大な戦える城郭の工事に着手した。桑名は揖斐川、長良川、木曾川の三大河川が平行して伊勢湾に注ぐ河口に位置し水運の盛んな水の都である。

城は北東を流れる揖斐川左岸に沿って突き出た砂州の上に築かれ、南は河口となりそれら三方向が広大な外堀の役目をなして、平城ながら堅固であった。本丸、二之丸、三之丸などが堀によって巧妙に縄張りされ、櫓数五一、多門★四六、水門三カ所に、三年後には本丸に四層の天守閣も築かれ、その姿はさながら浮かぶ城のごとく立派であった。水上からみた全体の形状が、扇を広げたようなので「扇城」とも呼ばれ、その華麗な姿は「七里の渡し★」をゆく海上の旅人の旅情を大いになぐさめた。ほかにも「九華城」、付近は河口で葦が生い茂っていたので「葦城」とも呼ばれた。

この本丸のあった場所には、もともと、顕本寺、十念寺、仏眼院などの寺が存在していたが、「街（町）割替」と称する城下町への壮大な都市計画によって、それぞれ新たに指定された現在地へと移転された。

桑名城の最古のものという、正保年間（一六四四～四八）の『勢州桑名城中の絵図』（国立公文書館内閣文庫蔵）によると、「天主ノ外は四重、内ハ六重、下ノ重ハ八間（一四・五メートル）二六間（一〇・九メートル）。惣高サ石垣置石ヨリ棟迄九間五尺二寸（一七・九メートル）」と記されている。

▼七里の渡し
旧東海道で尾張の「宮宿」から伊勢「桑名宿」に至る七里の海路。

この天守閣も元禄十四年（一七〇一）、城下より出火した大火事で類焼し、多くの櫓と共に焼け落ちた。藩では幕府に願い出て一万両を借用し復興にあてたが、四層の天守閣はついに再建されることはなかった。

さらに『同絵図』によれば、本丸を囲む石垣の高さは「石垣高根石より置石迄三間壱尺（五・四メートル）」、内堀の深さは「水深サ八尺、内泥三尺余」などと詳細に記述されている。

城下の町並みと城郭がすべて完成するには約十年を要した。城と城下がほとんど完成した慶長十五年（一六一〇）に忠勝は没し、その子忠政が城主となった。

慶長の町割りと東海道宿場の整備

桑名は室町時代に港町、宿場町としての賑わいを見せていたとはいえ、それは自然発生的な雑然とした船着場にすぎなかった。忠勝は入部と同時に城下町としての機能をそなえた近代的な都市計画に着手した。これは「慶長の町割り」といわれ、現在に至る桑名の市街の基礎となっている。その大改造工事は大きく三つに分けられる。

第一には先に述べた桑名城の築城と城下町の整備。第二は東海道の宿場の整備。第三は七里の渡し築港と河川の改修であった。

この大改造工事は忠勝入部の二カ月後、六月十八日にははやくも開始された。町中の家屋を取り壊し、住民は強制的に退去させ、分散していた寺院は二カ所（寺町と新町付近）に集められ、堀をうがち、その土砂を埋立てや築堤に使い、すべての工事が効率よく同時に進められた。

その時の様子を桑名の一町民（大田吉清『慶長自記』）は次のように記録している。

「慶長六年丑五月ノ末、桑名町割ノ事被仰付、六月十八日普請始マリ、エミドホリコ（堀）の舟入ホラレ申候。九月二日ヨリ、ツケヌケ通リノ舟入堀ラレ申候。同月六日ヨリ町中ノ家蔵コボチ（壊し）、春日ノ内ニ木屋ヲサシ、或ハカイトウ堤筏に組テ川ニ浮カベ、下々ノ者ハ三崎ノ畠堤ノハラサンマイノアタリマデ小屋ヲサシテ日ヲ送ル。資財雑具ヲバコボサレヌ町ニアズケオケバ日々ニ先キサキニコボシ、町中一間（軒）モコボサレヌ家蔵ナケレバ、道具ニモアツカイ迷惑ガルコト無限」

取り壊しのために立ち退かされた町民は、堤の上に小屋をたてたり川に筏を浮かべて生活し難儀したようだが、町中一軒残らず取り壊す大々的な規模だったことがわかる。

突然の建築ブームで大工が足りず、賃銀も急騰した。一日に銀一匁二分（当時銀一匁で米一・五斗＝約二三キロ）まで上がったが、その後各地から大工が集ま

慶長六年（一六〇一）五月末、桑名町割の事仰せつけ六月十八日工事始まり、まず堀の舟入りが掘られた（舟運の便）。九月六日より町中の家蔵を壊して、堤上にも仮屋、ついに筏を浮かべて、下々の者は三崎の畠堤のあたりまで仮小屋を立てて生活した。

家財道具なども壊さぬため町に預けたが、日常の道具大いに不自由であった。

り賃銀は半分に下がった。

城郭の建築に必要な瓦職人も京都伏見や深草からやってきた。また鉄砲や武具をつくるため、鋳物師の広瀬与左衛門が員弁郡大泉より招かれ、鍋屋町に屋敷を構えた。以後今日まで桑名は良質の砂を産出することもあり、重要な産業となった。それらと共に当然、物価も上がり、米の価格は一年ほどの間に二倍にはね上がった。この町割りは完成までに四年かかったが、その後も改修はつづけられた。

桑名は家康の東海道の整備に伴い第四十二番目の宿場（駅）に指定された。宿駅には伝馬の制度ができ、一日に三六匹の馬を提供する必要があった。さらに交通が活発になり、寛永十七年（一六四〇）には東海道の各駅は、人夫伝馬を百人百匹と定められたが、桑名は渡し場で滞ることがおおく、さらに多くの人馬（助馬・助郷）を必要とした。これに関し本陣の『丹羽氏記』に

一　御伝馬　百疋　　助馬二百疋　廿六ヶ村

一　歩　役　三百五十九人　助郷人足ハ村高ニ応シ割付ル　三十六疋ハ伝馬町

右ハ本多様御代慶長六丑正月、御公儀ヨリノ御証文頂戴シ居屋敷下サレ候

と記され、伝馬一〇〇匹の他に助馬二〇〇匹が村々に割り当てられていた。

桑名宿駅の機能を果たすために、問屋役という町の有力者がこれを行い、その

下に伝馬年寄、伝馬肝煎、馬指、人足指などと呼ばれる人が人馬の手配に当たっていた。

上方の四日市宿までは三里の陸路、尾張熱田宮宿へは海路「七里の渡し」が定められ、それにともなって伝馬町、船馬町、川口町などがつくられた。こちらも同じく問屋役の下に舟年寄、舟肝煎、舟役船頭などが舟の手配を行った。

道路も整備され町中を通る東海道は、防御のために曲がりくねった道となり桑名の「七曲り」と呼ばれた。途中には、川口町の船付場から順に京町御門、吉津屋御門、鍛冶町御門などがあり、伝馬町の南端には七曲門がつくられた。これは川口町の船着場から七曲がり目になるのでこの名がついた。ここが桑名城下の入口で他国の大名は、ここ七曲門から行列をととのえ威儀を正して通行した。

慶長の頃には、大名、公家などの宿泊する本陣、脇本陣などはまだなかったので、宿場のなかで大きな屋敷をかまえている町屋、問屋などを利用していた。のちに桑名にも本陣に大塚、丹羽の両家、脇本陣に服部家、萬屋、駿河屋、佐渡屋四家が指定された。

町割りと同時に七里の渡しの築港と、河川の改修も行った。当時、町屋川は町の西、走井山の下から矢田を横切って、揖斐川に流れ込んでいたのを、現在のように安永の南を直流して海に注ぐように改修した。それにともない大山田川をはじめ大小の河川も現在のように変えて、それまで三州湊と呼ばれて三つの島(中

「七里の渡し」大鳥居と石碑

州）に分かれていたのを、ひとつの市街地にして、現在の姿に見事再開発した。

揖斐川の河口、七里の渡しの整備にともない築堤し、回船、伝馬船などの利用に便利な船場（港）に改修し、大鳥居や常夜灯（灯籠）を造り、川口御番所、船会所、見張所（見附）、高札場なども設けられた。

渡し舟は、大型五三人、中型三四人、小型二六人乗りなどがあり、常時一二〇艘ほどが置かれていた。熱尾張田の宮宿までの所要時間三～四時間、船賃は変動があったが江戸中期で四五文。蕎麦一杯が、「二八の蕎麦」といって一六文の時代である。

延宝八年（一六八〇）頃、乗合一人前四五文、荷物一荷四五文、具足一荷四五文、駕籠一三九文、通馬一疋六人前二百七八文、などと記されている。

また渡し舟には細かい条目（規則）があった。船中で死人がでた場合は受け取らず来た船に乗せ返すこと、船中にて喧嘩口論したり、うせ物（遺失物）があった場合も元へ戻すこと、病人はこれにあらず、などなどであった。

徳川千姫と本多平八郎忠刻

元和二年（一六一六）九月、豊臣秀頼の未亡人千姫は、桑名城主本多忠政の嫡男忠刻《ただとき》に再嫁した。千姫は戦国乱世の歴史に翻弄された女性の一人である。二代将軍秀忠の娘（母は浅井氏・淀君の末妹）で家康の孫にあたり、慶長三年（一五九八）、三歳のとき豊臣秀頼と婚約したが、これは秀吉の遺言によるものだった。千姫七歳の時に十一歳の秀頼に嫁し大坂城へと入ったが、露骨な政略結婚だったので、はじめから暗い結末が予想された。大坂城落城までの十余年、秀頼と千姫の結婚生活はどうであったかは、側室には二人の子があり、千姫には子が生まれなかった事実からも推察できる。

慶長二十年（一六一五）五月、大坂夏の陣で豊臣家は滅亡した。この最後には興味津々、さまざまなエピソードが生まれた。坂崎出羽守の千姫救出の一件もそのひとつ。家康は孫娘可愛さに、身分は問わず城中から千姫を救い出した者には、姫を与えるのみならず化粧料十万石を贈るであろうとの触れをだした。

これを聞いた石見津和野（三万石）城主、坂崎出羽守直盛《なおもり》が炎上する城内へ飛び込んだ。猛火のなかを捜しまわり、自身は顔半分に大火傷を負い、ふためと見られぬ顔になったが、遂に千姫を無事救出した。

彼は、家康の言を信じ待っていたが、その後何の音沙汰もなかった。それどころか、翌年桑名城主本多忠政の嫡男忠刻との再婚が公表された。激怒した坂崎出羽守は家の子郎党を集め、千姫の輿を途中で奪取しようとした。その密謀が幕府に知られ、出羽守と一族は断絶となったという話である。

千姫

　しかし、分別ある五十男の出羽守が、いくら美貌とはいえ主筋の若い女性に横恋慕して自棄になり、自滅に走るのは考えられない。事実は京の公家に顔の広い出羽守に千姫の再婚話を依頼した。出羽守はあちこち奔走して、ようやく縁談をまとめた。それをことわりもなく千姫と忠刻の挙式が決まったので、武士の意地がたたぬと千姫強奪を企てるに至ったと新井白石は『藩翰譜《はんかんふ》★』で述べている。

　千姫の劇的な大坂城脱出も、事実は城将大野修理治長《はるなが》がひそかに淀殿・秀頼親子の助命と交換に千姫を差し出すことをもくろんでいた。家康はこれを了承し、千姫は落城のまえに無事脱出し伏見城で保護された。このときの受取役の一人が坂崎出羽守だったというものだが、家康がその後の約束を無視したのは周知のとおり、これが真相のようである。

　大坂城落城の七月、千姫が江戸へ帰る途中、桑名の七里の渡しの船中で、たまたまこれを指揮する忠刻の颯爽とした男ぶりを見初め、心をときめかした。これが翌元和二年（一六一六）九月、忠刻に再嫁するきっかけになったという微笑ましいエピソードがある。

　本多忠刻は忠政の長子で、四天王の一人忠勝の孫になる。慶長元年（一五九六）上総大多喜城にて出生した。初名は忠為、通称平八郎。母熊姫は家康の長子、岡崎三郎信康（信長の命によって自害）の次女で、千姫とは従姉妹にあたる。ということは、忠刻と千姫はいとこ半という血縁になり、〝血は水よりも濃し〟と

▼藩翰譜
江戸中期の朱子学者、新井白石が著した諸藩三三七家の沿革などを集録した書。

いう戦国の因縁と運命を感じさせる。

慶長六年（一六〇一）、忠勝が桑名城主として入部したとき、忠刻は父忠政と共に桑名に移り、五歳から桑名城で育つことになった。慶長十六年（一六一一）十二月、従五位下に叙せられ、中務大輔に任ぜられた。忠刻は長じるに従い、眉目秀麗、戦国の凛々しさのなかにも優雅さをもち、誰もが振り返るほどの美丈夫であった。

慶長十五年（一六一五）大坂夏の陣には父忠政と共に出陣した。五月七日、道明寺の戦いで父と共に奮戦、見事敵の首級を挙げた。この時忠刻は二十歳でやや遅い初陣初首だが、関ヶ原の戦いから十五年、大きな合戦がなかったのだからこれは仕方がない。

元和二年（一六一六）春、母熊姫に伴って家康の病気見舞いに駿府を訪れた。この時、家康から直々に、忠刻の妻として千姫を娶ることを命じられた。政略結婚の犠牲になった孫娘千姫の行く末を案じ、千姫の思いを入れた家康最後の強権だった。

千姫が建てた東照宮。ここに祖父家康の木像を神体として祀り、朝夕礼拝したいという。

春日神社

婚約の上使として都築為政《つづきためまさ》が桑名に遣わされ、諸事万端素早くことは運び、同年九月二十九日に忠刻は千姫を娶った。時に忠刻二十一歳、千姫二十歳。美男美女の絵のように若く美しい、名門の二人の挙式であった。この時、千姫は員弁郡七ヶ村、美濃安八郡など一万石を化粧料として持参した。千姫は桑名春日神社に家康の木像を祀ったが、これは今も神社に安置されている。

翌元和三年七月十四日、忠刻は千姫の脂粉料として十万石を与えられ父忠政と共に播州姫路に転封となった。姫路城に入った本多家は、忠政十五万石、忠刻十万石、政朝五万石、播磨国内で計三十万石を領し、西国大名の押さえとして隆盛を極めた。

忠刻と千姫は仲睦まじく一男一女をもうけたが結婚十年、忠刻は寛永三年（一六二六）五月七日、惜しくも三十一歳で早死にした。忠刻が卒するや、岩原牛之助二十一歳、宮本造酒之助《みきのすけ》二十三歳、二名の家士が切腹殉死した。造酒之助は宮本武蔵の養子である。かつて忠刻が武蔵を七百石で召し抱えようとしたが、代わりに造酒之助を仕えさせ、忠刻は円妙流の奥義を伝授されたという。

千姫はその後、落飾《らくしょく》★して天樹院と号し、しばらく本多家にあったが、江戸に帰ることになり、江戸城南之丸に入り、のち竹橋御殿に移り東丸様と呼ばれた。父秀忠は賄い料一万石を給し、千姫は静かに余生をおくり、寛文六年（一六六六）二月六日、飯田町御殿で没した。享年七十歳。小石川伝通院に葬られた。

▼落飾
貴人が髪を剃り出家する。

千姫に関しては虚実織り交ぜた伝説が実に数多い。坂崎出羽守による劇的な大坂城脱出に始まり再縁破談、本多忠刻の腎虚若死に説、〝吉田通れば二階から招く〟の人呼んで吉田御殿伝説（美男を次々と招き、弄んで殺したという）、本多正信・政純親子の悲劇などなどあるが、怪聞好奇な話は、いずれも後年の徳川嫌いの戯筆家のなせる業だろう。のちにふれることになる「村正伝説」とおなじ類なので、興味のある方は他書を当たっていただくことにして、ここではこれ以上ふれない。

②　桑名初期の領主・松平隠岐守の時代

本田忠勝が姫路に転封になり、
徳川家康の異父弟・松平（久松）定勝がその子定行と共に桑名に入り十一万七千石を領した。
親子二代、十七年間統治したのち、定行は伊予松山に移った。

家康の異父弟・松平（久松）定勝の入部

元和三年（一六一七）七月、本多忠政・忠刻親子が姫路に転封の後、松平隠岐守定勝《さだかつ》が桑名に入った。定勝没したのちは、嫡男定行《さだゆき》が家督を継ぎ、寛永十一年（一六三四）伊予松山へ転封になるまで、親子二代十七年間桑名を統治した。

定勝の本姓は久松氏、父は菅原道真の後裔という尾張知多郡阿古居城主、久松佐渡守俊勝で、その第四子。幼名は長福、通称三郎四郎。母は伝通院於大の方。

於大の方は三河刈谷城主水野忠政の女で、天文十年（一五四一）、十四歳で徳川家康の父で十六歳の岡崎城主の松平広忠に嫁いだ。実は於大の母

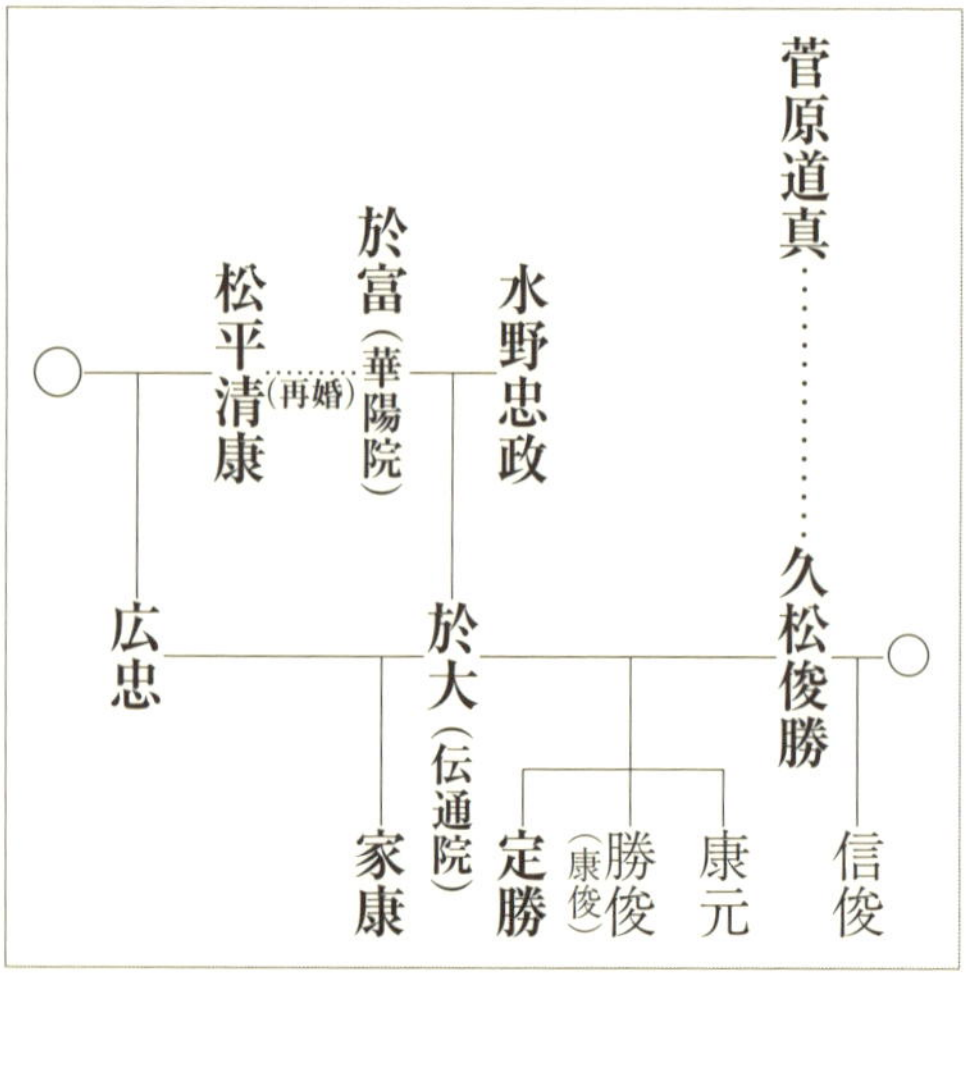

華陽院が再嫁した松平清康の嫡子が広忠（家康の父）であり、義理の兄妹同士の婚姻となる。これは当時、織田、今川二大勢力の間にあった両家の苦しいお家事情の政略結婚であった。

翌年十二月十二日、竹千代（のちの家康）が誕生した。ところが、於大の兄水野信元が織田側に走ったため、天文十三年（一五四四）於大は広忠と離縁され、三歳の竹千代を残し生木を裂くように刈谷へ帰された。

徳川二十将図（左の一番上が定勝。鎮国守国神社蔵）

刈谷に戻った於大は、またも兄信元の政略で阿古居城主久松俊勝に再嫁し、三男四女と子宝に恵まれた。定勝は三男で、家康とは異父同母の弟という近しい関係であった。

家康はのちに、久松家の異父弟たちに松平姓を名乗らせて傘下に加えた。これは三歳で生き別れ、苦しい人生を送った母への労りでもあった。慶長七年（一六〇二）、家康は於大を伏見城に招いてこれまでの苦労をねぎらい、母子の楽しいひとときを過ごした。その年の八月二十八日、於大は七十五歳で亡くなり、家康によって江戸小石川無量山寿経寺（伝通院）に葬られた。

久松家は、代々尾張知多郡阿古居城にあり、永禄二年（一五五九）、定勝はここで誕生した。天正十三年（一五八五）六月十六日、信長亡き後の尾張蟹江城攻略に先鋒として功あり、同十八年九月十日、下総香取村小南の地に三千石を賜った。

慶長五年（一六〇〇）九月、関ヶ原の戦いでは遠州掛川城を守備し、その功を以て翌六年二月、二万七千石に加増され、そのまま掛川に移封された。同年五月、従五位に叙せられ隠岐守と称した。

慶長十二年（一六〇七）四月二十九日、伏見城代を命ぜられ、山城、近江の内にて五万石を賜り、掛川城三万石は長男定行に譲った。元和元年（一六一五）六月、従四位下に叙せられ、同三年（一六一七）七月十四日、本多忠正の姫路転封のあと、定勝は山城伏見より桑名へ入った。さらに六万石を加増されて十一万石となり、長男定行の掛川三万石は収められ、父祖の土地に近い桑名へ父子揃って入城した。

さらに元和六年（一六二〇）、伊勢長島城七千石を加えられ、合わせて十一万七千石を領し、九月左近衛権少将に任じられた。寛永元年（一六二四）三月十四日、桑名城内で没した。享年六十五歳。東方崇源寺（のちに照源寺）に葬られた。室は奥平貞友の女で、六男（定吉、定行、定綱、定実、定房、定政）六女をもうけた。

松平定行の伊予松山への転封

定行は父定勝の次男。幼名千松、通称勝五郎、号勝山。寛永元年（一六二四）三月十四日、父定勝が没しその遺領桑名十一万七千石を襲封し、従四位下に叙され隠岐守と称した。この時、長島城七千石と合わせて一万石は弟実房に下し長島城主、松平美作守としている。

桑名の町は、河川の土砂が堆積した土地なので井戸水が悪く、住民は飲料水に不自由していた。そのため町屋川から汲んできた水を売る「水売り」という商売があった。

定行は寛永三年（一六二六）、城下町に上水道工事を行った。町屋川から小川を掘削し、町中は地下水道にして、ところどころから汲み上げて使用するようにした。人々は使用料を払ったが、これが「町屋御用水」と呼ばれる上水道である。現在も新地を流れる小川に名残を見ることができる。

また、定行の正室長寿院は元和四年（一六一八）にすでに亡くなっていたので、南寺町に長寿院を建立し菩提所としている（長寿院墓は市指定史跡）。

寛永十一年（一六三四）七月、加増され十五万石で伊予松山へ転封となった。万治元年（一六五八）に家督を嫡子定頼に譲り隠居したが、寛文八年（一六六八）十月十九日、松山城において没した。享年七十九。

松山藩はその後、記録的な餓死者をだした享保の大飢饉があり、久万山騒動など一揆が多発したが、久松松平家は一度の転封もなく、まず安穏に十五万石を保持して幕末まで続いた。

第二章　松平越中守の時代（前期）

藩祖定綱（鎮国公）は、家康の異父弟松平（久松）定勝の三男だった。

1

親藩桑名藩誕生

松平定勝の三男定綱が桑名を治めた。
定綱は豪気かつ学徳兼備の名君で桑名藩藩祖といわれ、死後も鎮国様として祀られた。
以後定綱―定良―定重と三代七十五年間桑名を統治した。

藩祖松平越中守定綱の入部

寛永十二年（一六三五）、松平定行の伊予松山転封と入れ替わって、その弟、松平越中守定綱《さだつな》が美濃大垣から伊勢桑名へ入部した。その後、定良、定重と三代、七十五年間桑名を統治した。定綱は桑名藩藩祖として名君の誉れ高く、鎮国公と諡号《しごう》★され、のちに鎮国大明神として祀られている。

定綱は元桑名城主定勝の三男として、文禄元年（一五九二）正月二十五日、江戸に生まれた。先に述べたとおり、父定勝は徳川家康の異父弟であり、他の松平家と区別するときは旧姓をあわせて久松松平と称する。母は兄定行と同じく奥平貞友の女である。

幼名は亀松、通称三郎四郎。慶長元年（一五九六）五歳のとき荒川弘綱の養子

▼諡号
生前の徳を称え、死後に贈られる称号。

となったが、のちにまた松平に戻った。同六年、父定勝が遠州掛川城を賜ったとき共に移り、翌年十一歳で江戸城でのちの将軍秀忠に近侍し利発振りを認められた。

慶長九年（一六〇四）正月、下総国山川の地に五千石を賜り、翌十年、越中守に叙せられ、浅野長政の女と結婚、同年十二月、江戸城書院番頭となっている。慶長十四年（一六〇九）には加増され一万五千石となり、山川藩を創立した。慶長二十年（一六一五）、大坂夏の陣では大いに戦功を上げ、翌二年、二十四歳で常陸下妻三万石の城主となる。

定綱の移封はさらに続き、元和四年（一六一八）遠州掛川三万石城主、同九年山城淀城三万五千石、寛永七年（一六三〇）三十八歳のとき美濃大垣六万石に移封となった。

寛永十一年（一六三四）七月、三代将軍家光に従い上洛、従四位下に叙された。家光の上洛は表向き朝幕関係の修復だが、幕府権力の誇示が主目的だった。この上洛以後は将軍宣下も江戸で済ますようになり、以後幕末に至るまで将軍上洛は見られなかった。

そして翌寛永十二年八月、四十三歳で一躍伊勢桑名十一万三千石の城主となった。定綱は在城十六年、慶安四年（一六五一）十二月二十五日江戸八丁堀の藩邸で没した。享年六十歳。江戸深川の霊岸寺で葬儀を行い、遺骨は桑名照源寺に埋

松平定綱像（松平定信筆。長寿院蔵）

葬され、「鎮国公」と諡号された。

桑名城跡にある鎮国守神社は藩祖定綱の霊を祀り、明治十三年県社に列せられた。定綱は学徳兼備の名君であり、自らは質素倹約を守りつつ、たびたび領内を巡視し、植林、開拓、治水、舟運などをはじめとする民治に心をくだいた。

よく人を知りこれを登用し、ひたすら善政をしくことに務めたので、人民からも大いに慕われた。城下は大いに発展し、寛永十四年（一六三七）八月一日現在の総人数は一万七七八人（男六六四三人、女四一三五人）となっていた。従来の町屋敷では足りなくなり、大幅な城郭と藩士屋敷の増設を行っている。

定綱の若い頃は血気にはやる一面もあり、次のようなエピソードが伝わっている。

ある日、定綱が日本橋を渡ろうとしたが、道普請で通行止めになっていた。町役人は「通り初めもすまぬのに通行することができない」と断った。定綱は役人の制止も聞かずに、やにわに板囲いを引きはがすと、悠々と通り抜けた。町役人は怒って奉行所へ訴えた。奉行所はやむなく将軍家光に言上したが、家光は大笑しながら、

「日本橋は江戸第一の場所ではあるが、越中守が通り初めをしてくれたとは、これはまたとない目出度いことである」

といって、その後何のお咎めもなかったという。

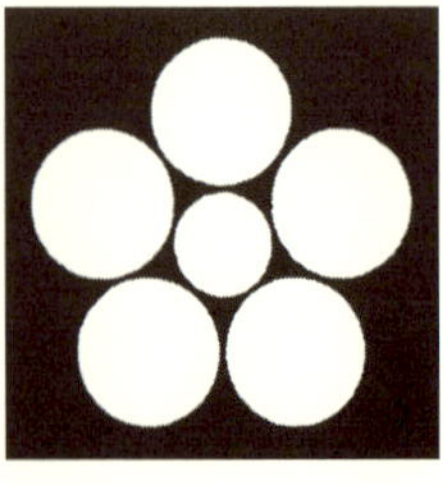
松平（久松）家家紋「星梅鉢」

定綱は城内朝日丸に学校を設け、書、礼儀、数学、儒学などの文学、特に弓、馬、兵術や武術を重んじた。戦国の遺風が色濃く残っていた時代でもあったが、定綱自身も柳生新陰流を学び、さらに自ら工夫を加えて甲乙流を創始した。柳生家との結びつきは深く、三代定重の子（十一男）俊平《としひら》は柳生家の養子となり、柳生家六代を継承している。かくて桑名藩の正式な剣術流儀は新陰流が定着することになる。

定綱はまた小幡《おばた》勘兵衛《かんべい》景憲《かげのり》について甲州流軍学を究め、さらにその門下山鹿《やまが》素《そ》行《こう》にも師事し兵書七巻を著わした。素行はのちに赤穂浅野家に仕えている。

また定綱は喫茶を好み、茶道にも精通していた。宇治より茶の種を取り寄せて栽培し、小堀遠州を招き自作のお茶で饗応しており、桑名藩は以後遠州流を伝えている。慶安二年（一六四九）、自身の施策方針をまとめた「牧民後半《ぼくみんこうはん》」を書き上げ、また多くの詩文や和歌を遺している。

定綱の逝去と福本伊織の殉死

定綱が没したとき二名の殉死者があった。家臣の福本伊織、樋口助右衛門が殉死し、両名の墓は仲良く定綱と共に桑名照源寺にあり、「松平定綱及一統之墓所」は県の指定史跡となっている。

松平定綱及一統之墓所（照源寺）

福本伊織は幼名又三郎、吉津屋の町年寄、福本六太夫の子だが、城下でも評判の凛々しい美少年だった。寛永十四年（一六三七）秋、将軍家光の体調がすぐれず、これを慰めるために風流囃子を催したがこれが江戸市中で流行した。また日本中で「上様踊り」なるものが流行し、諸国の大小名たちがこぞって興をそそられた。

「上様踊り」とは別名伊勢踊りともいい、起源は古く足利時代、一遍上人の創った念仏踊りから派生した盆踊りともいわれる。「伊勢は津でもつ、津は伊勢でもつ、尾張名古屋は城でもつ」の民謡伊勢音頭が、伊勢踊りの歌詞として現在に伝わっているという。

定綱も桑名城下の町屋から多数の美童をあつめ、江戸にて上様踊りを催した。この時、定綱のお目に叶い御意を賜ったのが、福本又三郎だった。直ちに士分にとりたてられ、名も伊織と改めた。彼は頭脳も明晰で知行三百石を賜り、定綱に近侍し寵愛を一身に受けた。当時、殿様が美童を好む風習は珍しいことではなく、これも戦国時代の遺風である。

慶安四年（一六五一）十二月二十五日、定綱が六十歳で没すると、福本伊織はこれまで十数年にわたる主君の恩愛に報いるために、翌年正月十七日、一通の遺書をしたため自害した。

当時、殉死は武士の美徳として全国で流行していた。将軍家光が逝去したとき

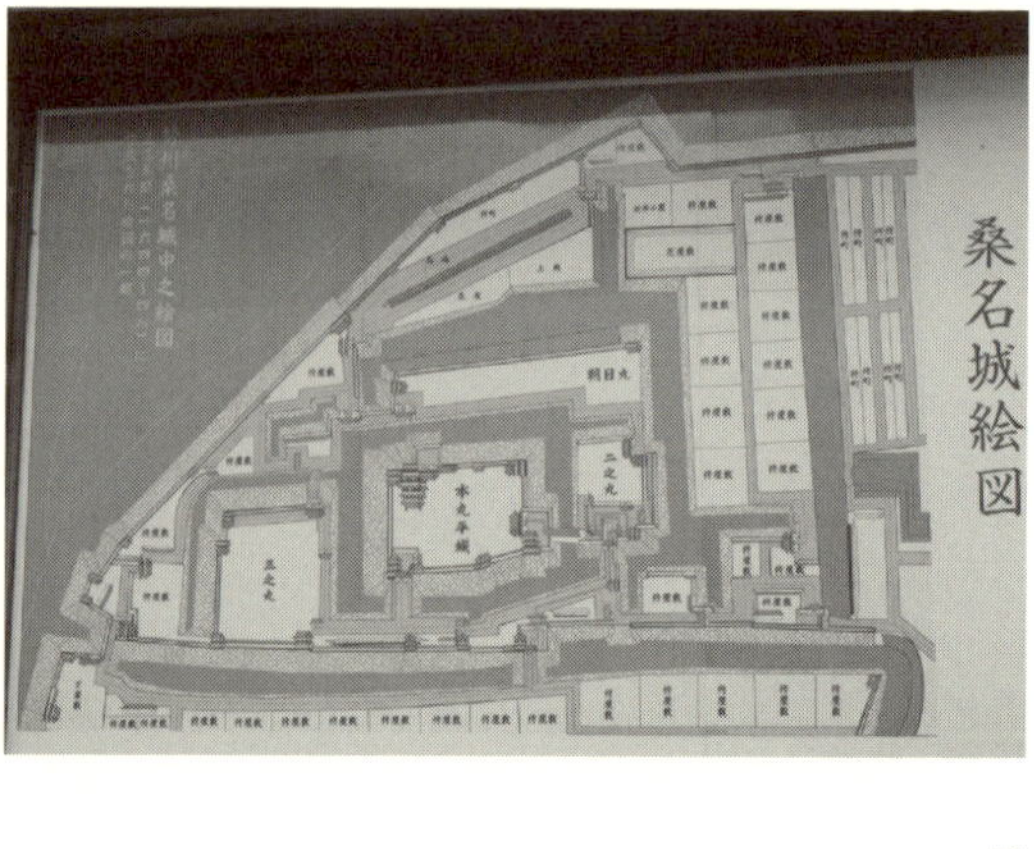

桑名城見取図

も老中堀田正盛はじめ多数の殉死者を出し、仙台藩主伊達政宗が死去したときには一五名の殉死者があった。

有能な人材が失われ、幾多の美談も生まれたが、肥後熊本藩「阿部一族」のような悲劇も起こった。幕府がようやく重い腰をあげたのは、寛文三年(一六六三)で、「武家諸法度」を、新たに殉死を禁止する条文を付け加え改訂した。

多くの人に慕われ、名君だった初代藩主定綱の時代は終わった。定綱は「鎮国公」と称され鎮国神社が建てられたが、のちに桑名のアララギ派歌人高田浪吉は次の一首を詠んでいる。

定綱の政治はながき桑名藩　佐幕感激の士いまは寂けし

家臣の増大と構成

定綱は美濃大垣六万石から約二倍の十一万石余を賜り、伊勢桑名へ入った。当然ながら家臣の頭数が足りなくなり、折から大坂の陣が終わり、大量の浪人が巷にあふれていたこともあり幾多の優秀な人材をかきあつめている。

なかでも豪勇吉村又右衛門宣充《のぶみつ》の召抱えは、戦国家臣の典型的な出世エピソードである。吉村宣充は幼名助市、長じて又右衛門と名乗る。先祖は村上源氏で、播州赤松氏の一族別所長治の族、砥堀孫太夫の嫡子。十四歳のとき尾張清洲に至り、福島正則《まさのり》に仕えたが利発を認められ小姓となり五十石を賜った。

豊臣秀吉朝鮮出兵の時、十七歳にして馬廻りとなり初陣をした。ある戦いで敵に組み敷かれたので、人々これを助けんとしたが、正則これを制した。宣充ついにはね返して首をとり、正則大いにこれを賞した。その後も数々の功を立て、慶長三年（一五九八）、五百石となり母衣《ほろ》を許され、使番となり、又右衛門と名乗る。

関ヶ原の戦いでは、先に又右衛門は岐阜城を攻め、奇策を用いて奪取の先駆けをなす。関ヶ原に軍を進めた福島正則隊は、西軍宇喜田秀家隊の猛攻を受け死傷数百、正則は叱咤するが正に潰走寸前となる。この時、又右衛門は十余名を率いて横合いから突進、勢いを盛りかえした正則隊は遂に秀家を破った。この戦功で正則は安芸・備後二国の太守となり、又右衛門も四千石を賜り、老臣に列した。

ここまではよかったが、元和元年（一六一五）夏、正則は所領を没せられ、川中島に配流。又右衛門は広島城の明け渡しの大役を見事にはたした後、浪々の身となった。諸侯争って又右衛門を招いたが、安売りはせず、一万石に非ずんば士官せずという。

姫路城主本多忠政（元の桑名藩主）これを聞き、十五万石の中より一万石を割いて又右衛門を招いた。ところが本多家の老臣はいずれも五千石なので、忠政に

吉村又右衛門宣充の墓（顕本寺）

加増をせまった。忠政はやむを得ず、又右衛門の禄を半減して五千石とした。が、又右衛門は約が違うといって出仕しなかった。

忠政も短気なので、永の暇をつかわし、かつ他家に仕えることを許さず。又右衛門は窮乏し諸国を浪々する。これを聞いた春日局が忠政に迫って禁を解かせた。ここでようやく桑名藩主松平定綱が五千石で招くと、又右衛門も桑名公のためならと喜んで出仕し、慶安三年（一六五〇）四月、桑名に没し萱町顕本寺に葬られた。享年七十五。一族は代々老職をつとめ幕末に至った（『桑名人物事典』より）。

また服部半蔵正重を二千石で招いた。父正成《まさなり》は徳川家康の伊賀越えを助けた高名な伊賀忍者の頭領で家康に仕えた。その子正重《まさしげ》は初代桑名藩主定綱に従い、子孫は代々服部半蔵を名乗り家老職をつとめた。ほかにも忍者町田与左衛門、大島八右衛門などを召し抱え、配下は伊賀町に住まわせた。

他に武術では、かつて賊の頬をわり、頬切り七兵衛といわれた念首流剣術の達人青木七兵衛。新陰流の河合八左衛門重堅《しげかた》、柳生宗矩にまなび奥義に達した甲乙流の山本助之進良弘らがいる。

また定綱は幼少の頃から儒学を好み、林羅山、藤原惺窩《ふじわらせいか》の門人堀杏庵《ほりきょうあん》らに親しみ、掛川在城の頃から杏庵の高弟三宅澹庵《みやけたんあん》を儒官として招いた。桑名藩の儒学は朱子学を以て一貫していた。城内朝日丸に学校を建て、澹庵を任用して文教を起こし、藩士の子弟を教育した。澹庵は三代定重公の時に老齢を以て致仕した。

桑名藩の職制は定綱の時代にほぼ完成し、以後それを踏襲した。幕末に大改革が行われたが、それまでは特に大きな変化はなかった。桑名藩分限帳によれば老分（家老、中老）から足軽の米蔵番まで約一五〇の職制に分かれている。

詳しくは『桑名市史』各種「分限帳」を見ていただくとして、ここでは出世の次第を大まかに述べると、足軽より当組、舞台格、寄合番、当外を経て平士となり、舞台格よりお目通りを許されたようだ。

定綱時代の老分（家老、千石以上）は服部半蔵、久松十郎左衛門、吉村又右衛門、奥平八朗衛門、三輪弥右衛門、久徳与惣右衛門《きゅうとくよそうえもん》、吉村権右衛門、久松新五衛門、大関五兵衛、沢勘解由《さわかげゆ》とある。多少の入れ替えはあったが、子孫が相次いで要職をつとめ幕末に至っている。幕末になるに従い、藩の緊縮財政の影響で減知され、文久元年（一八六一）には千石以上は四家のみで、服部半蔵、吉村権左衛門もそれぞれ七百石に減らされている。

定綱の次の一句でこの項のしめくくりとしたい。

（照源寺金龍桜見花）
桜花昨日のながめうらやみぬ　今日は雨ぎる雪と降るやと

松平定良—松平定重の時代

伊勢桑名藩の第六代藩主松平定良《さだよし》（定綱系久松松平家第二代）は、初代当主松平定綱の次男として、寛永九年（一六三二）山城淀城に生まれた。幼名亀松、のち三郎四郎。母は浅野長政の女。同十二年、父定綱と共に桑名に入った。慶安三年（一六五〇）九月二日の大洪水では、城下のほとんどが浸水した。定良は城中にあった旗竿で筏を組ませ、自身これに乗って溺者の救助にあたった。さらに三崎の堤防を切って水を落とし多くの人々を助けたという。

同四年十二月二十五日、父定綱が没すると、長男定次《さだつぐ》がすでに早世していたため、翌承応元年（一六五二）二月二十三日、遺領十一万石を継いだ。定良は容姿端麗の風流好みの才人で、和歌などもよくした。町家の娘がその美貌に恋いこがれて病となり、ついに死んでしまったなどと伝えられている。

しかし、定良は病弱であり、明暦三年（一六五七）、病気療養のため播磨の有馬温泉へ湯治にいった。桑名では日蓮宗の僧による病気平癒の百日法要が行われたが、その甲斐もなく、湯治の帰途、京都に逗留中の七月十八日に逝去した。

遺骸は桑名に運ばれ、新しく日蓮宗の円妙寺を建立して埋葬された。享年二十六。殉死者は近習頭多賀主馬介《たがしゅめのすけ》、御用人長瀬四郎左衛門、御物頭堀田五郎左衛門の三名。定良は桑名在城わずか六年、浅野光晟《みつあきら》の女と婚約していたが、早く没したために結婚には至らなかった。

松平定重《さだしげ》は幼名万吉、伊予松山藩主松平壱岐守定頼の三男として、正保三年（一六四六）江戸三田藩邸に生まれた。桑名藩主松平定良が明暦三年、急逝し嫡子がなかったため、同年十月二日、婿養子として従五位下越中守となり遺領を継いだが、この時わずか十三歳だった。

定重は豪勇果断、人材を登用し疑わず、が、のちにこの性格が彼の命取りになった。襲封時には、初代藩主定綱が開発した新田も次々と完成し、四万石以上の増加があり、充実しつつある時期だったので、定重在任は五十三年、歴代藩主の中ではもっとも長かった。これは藩祖定綱が蒔いた種が結実し、ちょうど収穫の時期にあたったともいえる。

定重はまた信仰心厚く、寛文七年（一六六七）には、春日神社に青銅の大鳥居を寄進している。慶長金二五〇両にて桑名の辻内善右衛門に鋳造させたもので、東海道に面して建つ大鳥居は桑名のシンボルとして健在である。

「勢州桑名で名高いものは　銅の鳥居に二朱女郎」と、俗諺に残っている（当時、他の宿場では女郎は一朱だったが、桑名はプライド高く二朱もしたという）。

同十年には浜地蔵堂を再興し、走井山勧学寺、愛宕山養像院なども再興している。貞享元年（一六八四）には俳聖松尾芭蕉が桑名を訪れ、本統寺と浜地蔵で、

春日神社の青銅大鳥居

冬牡丹　千鳥よ雪のほととぎす
明けほのや　しら魚白き事一寸

とそれぞれ詠んでいる。

城下も発展し、延宝七年（一六七九）調べの藩内総人口は七万九三七三人、うち家中九六四八人、町民一万一五三〇人、郷中五万七〇一九人であった。

しかし、この頃はしばしば災害にも見舞われている。水郷の宿命とはいえ、主な水害だけでも天和元年（一六八一）、天和三年、貞享三年（一六八六）、元禄三年（一六九〇）、同八年、同十四年、宝永四年（一七〇七）と続いた。

また、城下の火災も頻発し、記録に残る大火は寛文五年（一六六五）、元禄十四年（一七〇一）、同十五年、宝永四年（一七〇七）とあった。特に元禄十四年二月六日、さらに十三日には、城内、町内の大半を焼きつくす大火が発生。侍屋敷百数十軒、寺社六カ所、町屋一四五六軒、が焼失。本丸、二之丸、三之丸や天守閣も焼失した。火災復興に一万両を幕府から借用したが、定重は城内よりも藩士の家屋、町屋の復興に全力をあげ、数年で復興したが、天守閣はその後もついに再建されることはなかった。

度重なる災害の復興に大いに尽力したのが、郡代（郡代官）の野村増《のむらます》右《え》衛門《もん》だった。彼はもとは郡代の微禄の手代だったが、政経の才幹にすぐれ、定重にも重用され、郡代に異例の栄進をした。彼は災害のたびに手腕を発揮し、災害復旧と

冬牡丹句碑（本統寺）

藩の経済を見事に立て直した。

宝永七年（一七一〇）五月、些細なことで罪に問われ増右衛門は斬罪に、一族四四人も死刑となった（詳細は六三ページ「郡代野村増右衛門刑死事件」参照）。この事件で六十六歳の定重は幕府の取調べを受け、急遽、同年閏八月十五日、越後高田十一万石に転封となった。

享保二年（一七一七）十月二十七日逝去、享年七十四。江戸深川霊岸寺に葬られた。元禄元年には従四位下に昇進している。

松平（久松）家略系図

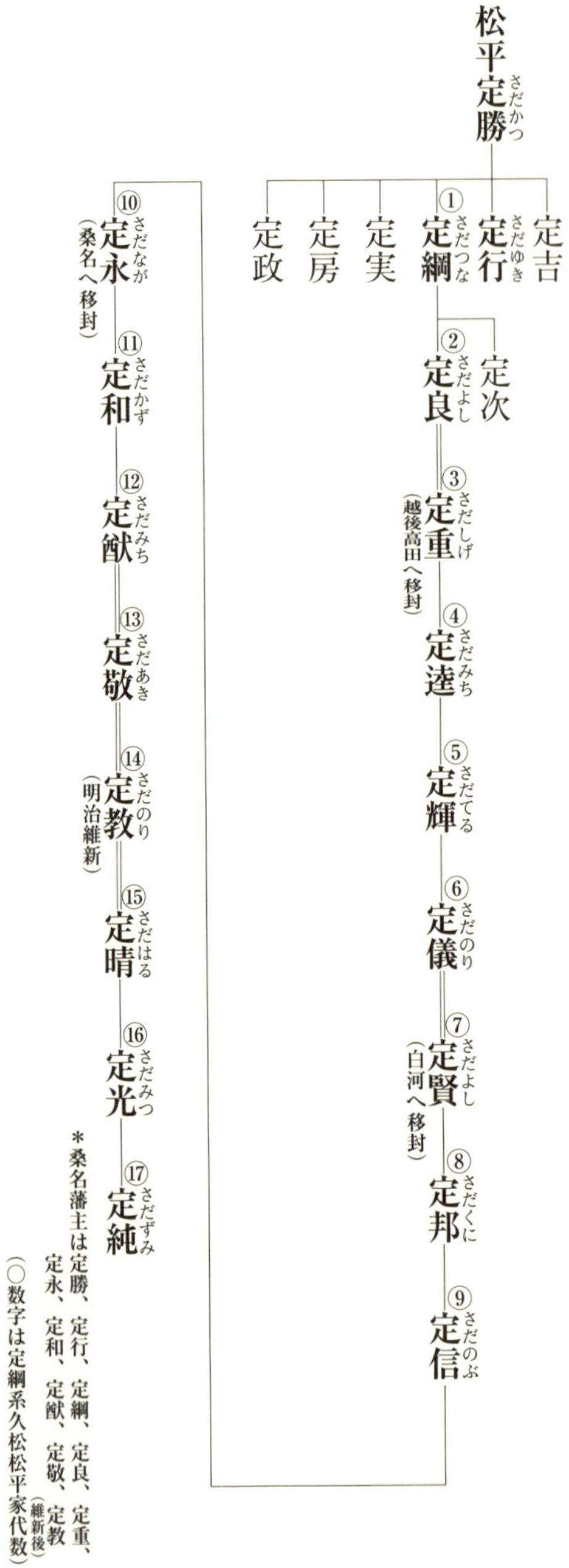

＊桑名藩主は定勝、定行、定綱、定良、定重、定永、定和、定猷、定敬、定教（維新後）
（〇数字は定綱系久松平家代数）

② 城下町桑名と藩政の進展

桑名は東海道の重要な宿場として整備され、地場産業が奨励され、商工業は町と共に大いに発展した。一方、火事、風水害にもたびたび見舞われた。これらの復興に関わって郡代野村増右衛門の事件があった。

商工業と町の発展

天文・天正年間に桑名は自由経済の楽市制がしかれ、「十楽の津」と呼ばれ繁栄していたことはすでに述べた。本多忠勝が桑名へ入部すると、周到な町割りを行い、まず家臣の城下集中を完了すると、次に商工業者を呼び集めて経済発展が城下繁栄となることを最重要事とした。

例えば鋳物師、瓦師、陶工などには住居を与え、税を免除し、苗字帯刀を許して保護奨励を図った。町割りの際も商工の同業者は集めて、油町、紺屋町、鍛冶町、鍋屋町、魚町、船馬町、風呂町、伝馬町などが誕生し、その町名がそのまま現在に続いている。

中世以来、桑名の主要産物は、米、木材、油、海産物、鋳物、刀剣、木地挽き物、陶器、銀銅などだった。さらに、松平定綱の時代になると、自身たびたび領内を巡視して地場産業を奨励したので、筵《むしろ》、薄縁《うすべり》、柿・榧《かや》などの果樹、醸酒、銘茶などの特産を新たに生み出した。

米

桑名米は品質優良で、近隣諸国の酒造にはかかせず、あらそって使用したために価格も高かった。また楽市の頃から、桑名は舟運の便もよく、全国有数の米集散地であった。さらに江戸期になると米取引所が開かれ、その相場は江戸・大坂の市場にも大きな影響を与えた。特に江戸は幕府が置かれ大消費都市に発展したため、桑名米や天領からの年貢米だった美濃米は、三大川で桑名に運ばれ大船に積み替えて主に江戸と大坂に運ばれた。この中継ぎをしたのが桑名商人だった。当初は七里の渡し付近で積み替えたが、のち川底が浅くなり大船は入港できなくなり、寛政時代（一七八九〜）には浜地蔵に移った。

木材

木材の集散地としても古来から水運を利用して桑名は重要だった。木曾、飛驒地方から、檜《ひのき》、松、樅《もみ》、栂《とが》など、紀州からは黒木材、南勢よりは杉材が多く取り扱われた。

慶長十三年（一六〇八）には、名古屋城建築用材が木曾から桑名に送られ、回送されている。なかでも桑名商人山田彦左衛門良順は木材商として成功、江戸、大坂、京都、堺にも出店し資財を貯えた。天和元年（一六八一）の飢饉には、山田家がほとんど救財救食を負担したという。山田家の屋敷跡と庭園は、現在「六華苑」（旧「諸戸清六庭園」）として市民に公開され、鹿鳴館の設計者ジョサイア・コンドル設計の六華苑は国の重要文化財に指定されている。

製油は温暖な桑名地方の冬作の菜種を中心として、種油を多量に生産していた。他に綿の実を搾った綿実油（白油）もあった。米穀の取引とともに盛んに行われ、慶長の町割りですでに油町が存在した。

蛤

海産物では蛤、白魚が古来から有名だった。桑名蛤は殻が大きく、肉厚でその味がきわめて淡美といわれる。木曾・揖斐川の河口に産するが、ここは淡水海水が混じり合い栄養豊富、かつ深い泥砂があり蛤の成長に適した場所だった。殻の形や色合いも見事だったので、貝合わせ、膏薬の容器としても珍重された。

桑名蛤は徳川家康をはじめ、歴代将軍にも献上された。当時は焼蛤が主流であり、街道沿いの茶屋では、松かさの火で蛤を焼いて売っていた。『東海道中膝栗毛』の弥次・喜多のように、旅人は必ず桑名名物焼蛤を食したという。その様子は古句にも数多く詠まれている。

時雨るるや　焼蛤のにゆる音　（古句）

はまぐりの　焼かれてなくやほととぎす　（其角）

六華苑

蛤墳（本統寺）

時雨《しぐれ》蛤《はまぐり》は当初は単に煮蛤と呼ばれていたが、こちらも美味な保存食として有名になり、販路が広がってきた。伊勢の今一色の業者から依頼された桑名の太一《たいち》丸《まる》の俳人佐々部岱山《たいざん》（木材商人）が、俳句の師でもある美濃の俳匠各務支考《かがみしこう》（芭蕉の高弟、美濃大智寺住職）に相談し「時雨蛤」と命名した。時雨降る秋口から生産されるのにちなんで命名されたというが、それは元禄末頃のこと、今から約三百年前と推定される。

なお〝桑名の殿様　時雨で茶々漬けヨイトコナ〟と歌われた、有名な俗謡（今は民謡）「桑名の殿様」は、歴代城主のことではない。作詞作曲者などの詳細は不明だが、明治になり桑名の米会所の隆盛時、いわゆる米成金連中が東京・大阪の花街で豪遊し、「桑名の殿様」と祭り上げられたのが始まりだという。宴席での囃唄としてレコードなどにも吹き込まれ、地元桑名より先に、東京・大阪で流行したものという（『三重風土記』）。

万古焼

桑名の陶器としては万古焼《ばんこやき》が有名。元文年間（一七三六～一七四一）、船馬町の豪商かつ文化人の沼波弄山《ぬなみろうざん》（通称五左衛門、一七〇八～一七七七）が自宅で楽焼きを始め、のち小向村の別荘に本窯を築き、ベトナムやオランダ風の彩色画を描いた陶器をつくった。彼の作品は桑名市立博物館にも所蔵され、「古万古」といわれている。

万古または万古不易の銘印を製品に押したので万古焼と呼ばれた。のちに幕府の御用をつとめ、江戸向島小梅の別荘に窯を築き、桑名から原料を運んで、本格的に製作したが、これは江戸万古と称されている。その後各地に技術が伝わり、それぞれの地名を冠した万古焼が誕生している。

天保二年（一八三一）、桑名田町の骨董商森有節《もりゆうせつ》が、赤土・白土を混ぜるなど技術革新を行い万古の再興を図った。その作品は「新万古」また有節万古と称された。沼波弄山の墓は新町光徳寺にあり、県の指定史跡となっている。

鍛冶と刀剣

鍛冶は鋳物と共に盛んだったが、信長に亡ぼされた北勢四十八氏★の中の後藤庄左衛門、内山四郎左衛門らが桑名に移住し、鍛冶を始めたのが始まりで、その後発展し軒を並べて、鍛冶町と呼ぶに至った。

刀剣はさらに古く室町時代の中期、桑名の走井山《はしりやま》下に居を構えた名工千子村正《せんごむらまさ》は、伊勢刀鍛冶の元祖といわれ、子孫や門弟は桑名藩領各地

▼**北勢四十八氏**
北伊勢で勢力を持ち、どこの守護にも属さない国人衆。

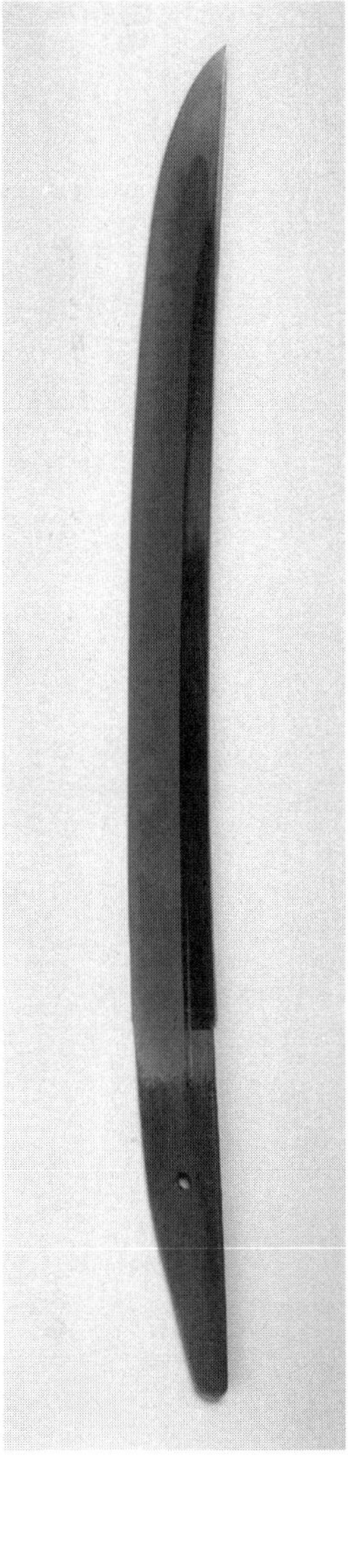

脇差・銘村正（立坂神社蔵）

に散在し、その技術を伝えた。千子村正は本姓青江、幼名正三郎。母親が走井山千手観音にお参りして、村正をさずかったので、のち姓を千子と改めたという。

名刀村正は、切れ味鋭利、比類なしといわれたが、意外に作刀も少なく、現存してるものは僅少である。徳川家に災いをなすといわれ、忌み嫌われたというが、幕末に倒幕派の志士に愛用されたという話もある（一一五ページ参照）。

桑名の鋳物の起源も古く、江戸期以前から行なわれていたが、本多忠政が入城し、武器鋳造のために領地員弁郡より鋳物師広瀬与左衛門を召し出し、彼は鍋屋町に居住して本格的に行われた。

広瀬家と並び鋳物師辻内家も古い伝統があり、今日まで約五百年来鋳物業を続けてきている。寛文七年（一六六七）、三代藩主松平定重の依頼によって建立された春日神社の青銅大鳥居は、辻内家の先祖、善右衛門種次の鋳造によるものである。桑名鋳物が繁栄したのは、第一に領主の保護政策、第二に良質の砂に恵まれたこと、第三に神社仏閣（灯籠、梵鐘）の需要、第四に進歩的人材がいた、など挙げられるが、関東の川口市と並んで大いに発展し桑名の経済をささえた。

参勤交代と宿場の整備

寛永十二年（一六三五）六月二十一日、三代将軍家光のとき、幕府は武家諸法度を改訂し新たに参勤交代制を制定した。すでに慣例になってはいたが、大名は江戸と国元を一年ごとに往復することになった。これは諸大名に莫大な負担を強いることになったのだが、幕府は特に外様西国大名の弱体化施策の一つとして制度化したものだった。

しかし、その一方では街道が整備され、江戸や宿場に人口が増え、交通や物資の流通量の増加をもたらす効果もあった。

桑名宿もさらに整備され、陸上交通の伝馬、助郷制度についてはすでに前章でふれたが、従来からの海上交通にも力を注いだ。

七里の渡しの渡し舟のほかに、大名、高貴な方が乗る大小の回船（御座船）が十数隻あった。記録に残っている天保頃の回船は次のようだった。一番大きい長栄丸（櫓三二挺、三六人乗り）は溜間詰の大名、老中、五摂家など、次の日吉丸（櫓三二挺、三四人乗り）は二十万石以上の大名、さらに繁昌丸（二八人乗り）は十万石以上の大名、十万石以下は番御座船、などと格式によって明確に区別されていた。薩摩藩などには特別の依頼により、長栄丸以下四隻を用意している。いずれも御船奉行がこれにあたった。

天候不順のときは逗留するが、出費がかさむため、あるいは急ぎの場合は、佐屋廻りといって揖斐川より鰻江川にて長島を横切り、木曽川を経て尾州佐屋に至り、津島を通って陸路を名古屋に向かった。桑名から佐屋までは「三里の渡し」

と呼ばれた。十万石以上の大名が出船するときは、御舟唄役が出し唄、舟唄を歌い盛大に見送った。

　　ヤンラ目出度いな御代は常磐の若松枝もエイエイ栄ゆる葉もしげる（出し唄）

　御座船の他にも、七里の渡し舟が一二〇艘、三里の渡し舟六八艘、漁船一四八艘あり、米、木材運搬の大船が多数出入りし、これらを取り締まり、海賊を監視する関船（早舟）もあった。藩祖定綱時代にはすでに、河口や湊には常時大小数百艘が蝟集していたという。

　これにともない大名などの常宿の本陣・脇本陣もつくられた。延宝年間（一六七三～一六八一）江戸町には間口一九間（約三四メートル）の大田道仙本陣があった。道仙はその名の通り、医を業としていたが、ある日、薩摩の島津侯が到着したおり、旧例により三方《さんぼう》に熨斗《のし》★を献上した。ところが折悪しく強い風のため、熨斗が包み紙といっしょに吹き飛ばされた。その包み紙に御薬と記されてあったので島津侯のご機嫌を損じ、宿泊中止となった。以後、西国の諸大名も宿泊しなくなり、ついに廃業に追い込まれた。

　天保（一八三〇～）の頃の本陣は大塚、丹羽の両家で、その他脇本陣は萬屋、駿河屋、佐渡屋など四家あった。大塚本陣は料理旅館・船津屋として現存してお

▼熨斗
のしあわび。

り、多くの文人、墨客に愛されてきた。泉鏡花はここを舞台に『歌行灯』を書き上げ、それを戯曲化した久保田万太郎の句碑が立っている。

かわをそ(獺)に　火をぬすまれてあけやすき

他に桑名には、一般の旅客の宿泊する旅籠（宿屋）が一二〇軒あった。日の暮れぬうちから、黒い前掛けたすき掛けの飯盛女が旅客を呼び込む嬌声で賑わい、町にも相当の金銭が撒かれ、東海道でも有数の賑わいの宿場となった。

伊勢国内の東海道宿駅は桑名、四日市、石薬師、庄野、亀山、関、坂下と七宿場あった。例えば、同じ城下町の亀山宿（五万石）は、本陣、脇本陣が各一家、宿屋は二一軒しかなかった。いかに桑名は旅客や交通量が多く、殷賑していたかがうかがえる。

隣国藤堂藩(津藩)との確執

桑名市教育委員会発行『桑名の伝説・昔話』（昭和四十年、近藤杢・平岡潤共著）に――桑名藩と津藩の不和のこと――という一編がある。面白い話なので少し長いが引用して紹介し、解説したい。（　）内は筆者の注解。文章一部省略。

旧大塚本陣（現船津屋）

津藩主（三代藩主）藤堂和泉守高久《たかひさ》の時、弟佐渡守高通《たかみち》（伊勢久居藩、五万石、津藩の分家）の領内百姓から鎗持ち中間奉公に出ていた者があり、この中間の弟が、桑名藩の家中久松五郎左衛門（家老の一人）の中間として奉公していた。ある年の春、兄が休暇をもらい桑名の弟を訪ねきた。無知で城内へ入る勝手を知らず、編笠をかぶったまま無遠慮に大手門を入ろうとして、直ぐさま番人に捕えられてしまった。藤堂佐渡守の領分の百姓というので、縄をかけ牢にぶちこんだ。風体も返答も人を食った態度だった。

桑名城主松平越中守定重（三代藩主）が、この件を耳にすると、「奇怪千万なり、以後の見せしめにすべし」と即座に中間の首を刎ね、塩漬けにして藤堂佐渡守宛に理由と死体引取りを申し伝えた。

津では隠居の藤堂大学頭（二代藩主、藤堂高次《たかつぐ》）がこれを聞き、大いに立腹、「越中の仕方は無法の至りである。和泉守領分の者なら、よもやそんな無法は出来まいが、佐渡守を小身とみて侮り、かようなことをやりおった」よしそれならばと、桑名領の百姓が朝草刈りにでたところを二人召し捕り、高岡川の堤で磔にしてしまった。

一方桑名では、越中守がこのことを聞き、大学が左様な心ならばと津領上野郷の百姓二人を捕え来て、町屋川の橋で磔にかけてしまった。大学頭は烈火のごとく怒り、「江戸詰めの和泉守が今度帰城するによって、桑名の城を踏み潰してくれん。少しも用捨するな」と命じた。

越中守は、「なにをほざくか、おこがましい、彼は三十五万石（正確には三十二万三千石）の大身をかさに着て、武張ったことをいうか、やるなら来てみろ、一人残らず討ち果たしてくれん」と、俄然合戦の用意に取りかかった。

あわや戦乱になろうとしたが、幕府は容易ならぬ事態に驚き、両家と姻戚関係にある酒井雅楽頭《うたのかみ》（姫路十五万石城主、酒井忠清《ただきよ》）を仲裁に立てて、無事鎮めることに成功した。

条件としては、以後藤堂家が桑名城下を通る時、桑名城は矢窓を全部閉めること。藤堂方は鎗を伏せ、弓は弦を外して通るよう取り決めた。

これで一件落着かと思われたが、この年藤堂和泉守が帰城の際、桑名泊まりの関札を連絡しなかったので、越中守は町中下知して、今夜の泊まりは追い立つべしと触れた。和泉守は止むなく夜中に発って四日市に泊まることにした。

これでまた不和になり、道中桑名の武士を見たら少しも道を空けるなと言い、桑名方も藤堂方には道を譲るなとなり、両藩の不和は後代まで続いた。明治維新の際には、桑名藩は終始忠節を全うして、逆に朝敵の汚名を着たが、日和見的で何か含むところのあった津藩は、裏切り（鳥羽伏見の戦いで）をして汚名をまぬがれた。（略）

いつ頃の出来事か明確ではないが、藤堂高久は寛文八年（一六六八）に襲封しており、隠居した大学頭が健在なこと、また松平定重も血気盛んな壮年期と考えると延宝初期（一六七三〜）頃の話と推定される。

仲裁に立った酒井雅楽頭忠清だが、母は松平定勝の娘であり、自身の正室は、なんと桑名初代藩主松平定綱の娘なのである。さらにまた、藤堂高久の正室は酒井忠清の娘なのである。いわば、忠清にとっては桑名藩も津藩も親戚で、身内の争いごとの仲裁であり、これ以上の適任者はいないだろうと思われる。

戦国の遺風が顕在化していた時代であり、桑名藩は十一万石の親藩（徳川一門の大名）、御家門の家柄で格式やプライドも高い。一方、隣国の藤堂家は三十二万石余の大大名とはいえ、所詮外様★の成り上がりである。

しかも津藩藩祖の藤堂高虎は、浅井長政、豊臣秀吉、徳川家康と主君を替え、文字通り裸一貫から大名に立身出世した、数少ない戦国梟雄の一人である。築城巧者の才能はあったが、機を見るに敏、寝技師であり、乱世にあっても油断のならない世渡り上手な人物であった。

両藩はこの後もたびたび鞘当てを繰り返しつつ幕末を迎える。藤堂高虎の処世術は藩是でもあったのか、外様ながら転封も減知もなく幕末を迎えた。鳥羽伏見の戦いでは、洞ケ峠を決めていたが、突如、幕府軍（桑名、会津軍など）の背後

▼外様
関ヶ原の戦い以後、徳川家に帰属した大名。

から猛射をあびせ、見事な裏切りを行ったのは周知の事実。

明治維新後も朝敵にされた桑名藩と、勝てば官軍になった津藩との間で多方面に数々のしこりが残った。太平洋戦争の頃までは、桑名では、伊賀者は嫁にもらうな、などの言葉がささやかれていた。いずれにしても、この話では両藩のつまらぬ意地の張り合いで犠牲になった百姓が、もっとも気の毒だった。

郡代野村増右衛門刑死事件

三代藩主定重は明暦三年（一六五七）襲封以来五十三年の間桑名を統治し、城下はますます安泰と思われたが、宝永七年（一七一〇）八月、突如、越後高田に転封となった。その原因は、辣腕の郡代官野村増右衛門の刑死事件に端を発し、桑名城下はもちろん、世間を騒がせた後味の悪い一件だった。

慶長八年（一六〇三）江戸に徳川幕府が開かれて約百年、士農工商を基盤とする幕藩体制が軌道にのり、上げ潮だった産業経済も、元禄時代を頂点に陰りがみえはじめた。全国的に見ても富裕商人が台頭してきたが、領主の経済力が落ちてくると、その支配体制はかなりゆらいできた。

桑名藩でもその傾向が顕著になったが、さらに地理的な弱点による大洪水、大水害が頻発し、とどめは先にも述べたように元禄十四年（一七〇一）の大火事では、城下の大半を焼きつくし、城内や天守閣も焼け落ち、武器、諸道具の他に貴重な記録も灰になった。

　藩財政も逼迫し、やむなく幕府から金一万両を借用して復興にあてた。宝永四年（一七〇七）には長雨で稲が不作となり、窮乏した多数の農民が郡代官に訴え、さらに城の北大手門に押しかけた。結局、この年は武士の給米を大幅に減額し急場をしのいだ。

　この難局を乗り切るために登用されたのが、野村増右衛門（一六四六〜一七一〇）だった。増右衛門は領内員弁郡島田村出身で幼名兵助、元服して仁右衛門、のち増右衛門と称した。初めは郡代の手代役（八石二人扶持）だったが、政治財政の才幹に秀で、文武両道にも長じ、めきめき頭角を現わした。

　藩主定重にも重用され、数年の間に異常な累進出世をした。遂に七百石の郡代官となり、その勢いは従来からの門閥家老を凌ぎ、藩政を牛耳るほどに至った。その間、持ち前の実行力を発揮して藩政の難局を次々と処理した。元禄大火の城郭並びに城下の復興再建、幕命による津藩らとの相模酒勾川の大工事の完成、領内町屋川下流の新田開発、員弁郡宇賀川改修による農地の開発、その他、神社仏閣の造営修理、道路河川の修復、地場産業の開発、などに寄与した功績は莫大だった。

　ところが、宝永七年（一七一〇）三月、豪商山田彦左衛門の世話で藩金二万両調達のため上京した。その留守中、公金の盗用、農民の搾取、豪華な私生活、一族の登用、などさまざまな大小嫌疑の訴状が、突如、家老連名で出された。それにより増右衛門は即刻逮捕、糺問《きゅうもん》された。

訴状で指摘された十数カ条の罪名は、ほとんど弁明できたのだが、わずかに会計に関する些細なことにより、遂に死罪となり処刑された。それも一族四四人が死刑となり、関係者三七〇人余（五七一人とも）が罪となる一大事件となった。

一族郎党の男子四四人のうち、二歳から六歳の幼児一二名（養子も含む）も含まれているのをみても、いかにこの刑罰が残酷だったか想像されるが、江戸時代においてもあまり類例がない。長期間ないがしろにされた、譜代家老たちの凄まじい恨みつらみ（私怨）が感じられる。

罪に問われた事件関係者も勘定頭、普請奉行、台所賄頭などはわかるが、数名の馬廻り★の罪状は「朝夕野村へ心安く致せし故なり」とあり、これは坊主憎けりゃ袈裟まで憎い、の類である。彼らはいずれも追放（所払い）され浪人となるが、再び領内に立ち入ることが許されない厳しいものである。

増右衛門事件に関する藩の公式記録は、後年すべて焼却されて、詳細は全く不明である。後世諸説紛々、真相はいまだ不明だが、桑名藩の歴史において数少ない闇の一つである。

この未曾有の桑名騒動は幕府の知るところとなり、直ちに公儀巡見が行われた。

▼馬廻り
合戦のとき殿の御馬前を固める名誉ある役。

結果、桑名藩今度の騒擾天下の評議よろしからず、として越後高田に転封となった。明らかな左遷であり、この決定も早かった。訴状が三月、刑の執行が五月末、転封が八月十五日と、当時としては異例の果断即決である。

当時次のような落首があった。

竹は八月　木は切ろ九月　野村増右衛門は五月斬り

藩主定重の、人を任じて疑わず、の長所が裏目にでた格好だが、失政であることには間違いない。一応覚悟の上とはいえ、こんな結果になるとは思わなかったらしく、高田への国替えが決まると六十六歳の定重は家督を五男定逵《さだみち》に譲り、隠居を願い出て江戸の藩邸に引き籠もった。もっとも親藩の名門だからこそ、この程度の処分で決着したのだろう。

増右衛門の墓は約百年後の文化六年（一八〇九）萱町最勝寺に建てられたが（昭和三十二年島田に移転）、文政六年（一八二三）松平定永が白河から桑名へ復封したとき、藩庁より赦免の沙汰があった。増右衛門をはじめ刑死者以下三七〇余名は青天白日の身となったが、事件から百十三年後無罪放免の詳細も不明である。文政十年（一八二七）、四四名の刑死者の法名を刻んだ供養塔が東方に建てられたが、明治四十二年に東方の岸西山大正寺に移転され現存している。

第三章 三度の転封と松平定信

桑名―高田―白河へ、老中松平定信が誕生、「寛政の改革」を断行。

1 松平（奥平）下総守の時代

定重が野村事件の失政で越後高田へ転封、代わって松平（奥平）忠雅が備後福山から桑名へ入った。以後七代、百十三年間長きに渡り桑名を治めたが、文政六年（一八二三）武蔵忍へ転封となる。

備後福山より松平（奥平）下総守忠雅桑名へ入部

宝永七年（一七一〇）八月、松平定重が越後高田へ転封後、代わって松平（奥平）下総守忠雅《ただまさ》が十万石で備後福山より桑名へ入った。以後、忠刻《ただとき》、忠啓《ただひら》、忠功《ただかつ》、忠《ただ》和《かず》、忠翼《ただすけ》と続き、忠堯《ただたか》が文政六年（一八二三）武蔵国忍に移封になるまで、七代百十三年の長きに渡って桑名を統治した。

忠雅は天和三年（一六八三）、清照の長男として陸奥白河に生まれた。母は側室安西氏。父清照は病弱で廃嫡となり、まもなく死亡したために、元禄元年（一六八八）祖父忠弘の養子となり、同五年十二月襲封し松平（奥平）家を継いだ。

祖先は有名な長篠の合戦（天正三年＝一五七五）で、長篠城を死守し勝利に導

松平（奥平）家家紋「丸に三つ葵」

いた奥平信昌。信昌の四男忠明（母は徳川家康の女亀姫）は家康の養子となり別家を立て松平姓（奥平）を賜った。

忠明《ただあきら》は天正二十年（一五九二）、上野国長根七千石を領し、慶長五年（一六〇〇）従五位下下総守に任ぜられ、関ヶ原の戦いには父信昌に従い功あり、同七年、一万七千石を賜り三河作手城主となった。同十五年伊勢亀山五万石、さらに同十九年大阪冬の陣にて功あり、摂津河内で十万石となった。さらに、元和五年（一六一九）大和郡山、寛永十六年（一六三九）播州姫路に移り、十八万石となった。正保元年（一六四四）逝去。享年六十二。

同年嫡男忠弘（忠雅の祖父）が襲封し二代目となり、出羽山形、下野宇都宮を経て、天和元年（一六八二）陸奥白河に転封された。

元禄四年（一六九二）、嫡男清照が病弱で家督を譲れず、孫斎宮（のちの忠雅）が利発聡明なので、譲る決心をした。が、養子忠尚《ただなお》を擁立する家老奥平金弥と斎宮派の家老黒屋数馬が激しく対立、さらに藩内の不平不満が爆発、九七名もの退藩者を出した。これが幕閣に聞こえ、忠弘は家中取り締まらずのかどで閉門、五万石没収、両家老は父子共遠島流罪、さらに元の出羽山形へ転封という厳しい御成敗となった。これが世にいう「白河騒動」である。忠弘は元禄十三年（一七〇〇）江戸下屋敷で逝去。享年七十。墓は高野山塔頭中性院。

元禄五年（一六九二）、十一歳で家督を相続した忠雅は山形城に移封となり、

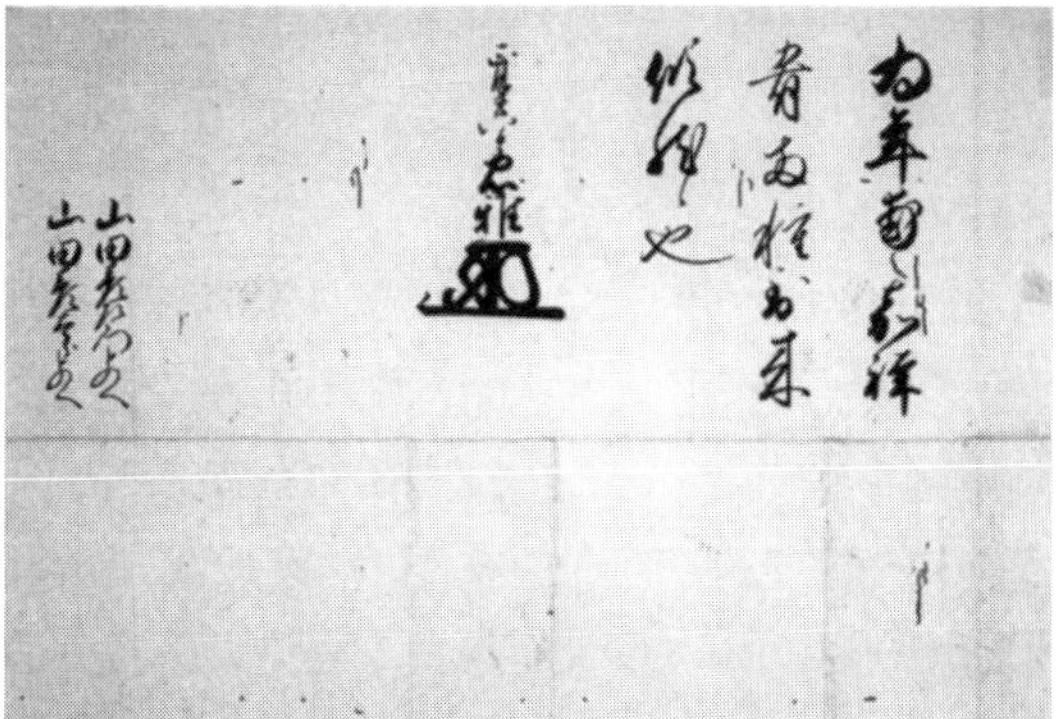

松平忠雅筆折紙（個人蔵）

同九年、従五位下、下総守に任ぜられた。同十三年一月、備後福山に転封となり、宝永元年（一七〇四）十二月、従四位下に昇任した。

宝永七年（一七一〇）、八月十二日付の江戸を発した飛脚が、二十一日福山城の忠雅の下に届いた。伊勢桑名への転封の達示であったが、今度は東海道の要衝桑名へ、しかも溜間詰にも登用される大抜擢だった。忠雅はこの時二十八歳、勇躍して翌正徳元年（一七一一）七月五日桑名へ入城した。

正徳三年、禁裏造営の任にあたり近衛少将となり、馬場先門邸を賜った。桑名神社（春日神社、三崎神社）の改築を行い、学問を修めその文雅は一家を成すに至った。誠心かつ礼儀に厚い性格で、白河騒動の減封の汚名を一代で挽回した松平（奥平）家中興の名君ともいわれている。延享三年（一七四六）六月二十日逝去。享年六十四。正室は毛利綱広の女。墓は谷中天現寺。

松平忠刻─忠啓─忠功─忠和─忠翼─忠堯の時代

忠刻（奥平松平家・四代）から武州忍（現埼玉県行田市）に転封になる忠堯（九代）に至る約八十年の詳細な記録は、桑名にも忍にも残っていない。領邑も十万石と変わらず、特筆すべき大事件などもなかったので、ここでは歴代藩主の事歴と消息を簡単に記述するに留めたい。

松平忠刻《ただとき》（四代）

忠雅の四男として享保三年（一七一八）生まれる。母は側室関口氏。初名清種、幼名岩吉、主膳。延享三年（一七四六）八月二日襲封、下総守となる。明和四年（一七六七）九月、侍従になり、同八年六月四日致仕、天明二年（一七八二）十二月二十七日逝去。享年六十六。正室は酒井忠寄の女。墓は谷中天現寺。

この間、宝暦三年（一七五三）十二月幕府から薩摩藩に命じた木曾川の治水工事が、同五年五月完了した。「宝暦治水」とよばれ、かなりの難工事で四〇万両の費用をかけ、一年半を経て終了したが、薩摩藩は病死者三二人、家老平田《ひらた》靭負《ゆきえ》以下自殺者五二人を出し、幕府、桑名藩に対する怨念が残った。

松平忠啓《ただひら》（五代）

忠刻の次男として延享三年（一七四六）十二月、江戸鳥越に生まれる。母は側室市原氏。幼名岩次郎、のち民部、兵庫。明和八年（一七七一）六月十四日襲封、下総守となる。安永元年（一七七二）十二月、従四位下に進み、翌年侍従となった。度重なる災害に見舞われ、財政状態は悪化の一途をたどり、天明二年（一七八二）には、四度の水害で農民一揆も発生した。同六年十二月十日逝去。享年四十一。正室は毛利重就の女。墓は谷中天現寺。

松平忠功《ただかつ》（六代）

宝暦六年（一七五六）、御三家の紀州徳川宗将の七男として生まれた。母は伏見宮貞建親王の養女。幼名職之丞、はじめ頼久という。天明三年（一七八三）、忠啓の養子となり、同七年正月襲封した。従四位下、侍従。寛政五年（一七九三）藩政の改革に取り組み十一月、病弱のために在任わずか六年で致仕し、文政十三年（一八三〇）七月二十九日、江戸藩邸にて逝去。享年七十五。正室は忠啓の女。墓は谷中天現寺。

松平忠和《ただかず》（七代）

宝磨九年（一七五九）八月江戸赤坂生まれ。徳川宗将の九男で忠功の実弟。母は側室植田氏。幼名は唯之進、はじめ頼徳という。寛政五年（一七九三）九月、忠功の養子となり、十一月家督を相続した。従五位下総守、のち従四位下に叙せられる。忠和は当代の和算家として著名で、関孝和《せきたかかず》の高弟吉川氏清（幕府勘定奉行）に教えを乞い、至誠賛化流を創始し和算の育成につとめた。天文学、蘭学を修め、また詩をよくし、さらに藩校進修館を創設し藩士の教育にも努力した。老中をつとめた白河藩主松平定信《さだのぶ》とは知己であり、著書を読み教えを乞うた。定信に似た学者肌の名君といえる。享和二年（一八〇二）四月二十二日逝去、享年四十三。正室はなし。墓は谷中天現寺。

松平忠翼《ただすけ》（八代）

安永九年（一七八〇）、井伊直朗（越後与板藩主、二万石）の三男として生まれた。母は側室吉田氏。幼名酉之助。寛政六年（一七九四）十一月忠和の婿養子となり、同十年、従五位下織部正に任ぜられ、享和二年（一八〇二）六月家督を相続した。文化十四年（一八一七）溜間詰、侍従となる。文政四年（一八二一）三月二十日逝去。享年四十。正室は忠和の末娘周姫。墓は谷中天現寺。

松平忠堯《ただたか》（九代）

享和二年（一八〇二）、忠翼の長男として生まれた。幼名鶴松丸、文化十三年（一八一六）元服して従五位下上野介に叙任され、のち従四位下侍従に昇任。文政四年（一八二一）六月家督を相続。同六年武蔵国忍藩十万石に転封となり、七代百十三年間に渡る桑名統治は終わりをつげた。

忠堯は襲封三年目、突然の転封であった。藩は農民から講金を預かり、藩財政の助成に当てていた。急な移封で返済できぬため、怒った農民は徒党をくみ一揆にまで進展した。預かり金返済及び移転費用十万両を桑名の豪商山田彦右衛門が肩がわりし、共に忍へ移った。天保九年（一八三八）致仕し、元治元年（一八六四）逝去。享年六十二。墓は谷中天現寺。

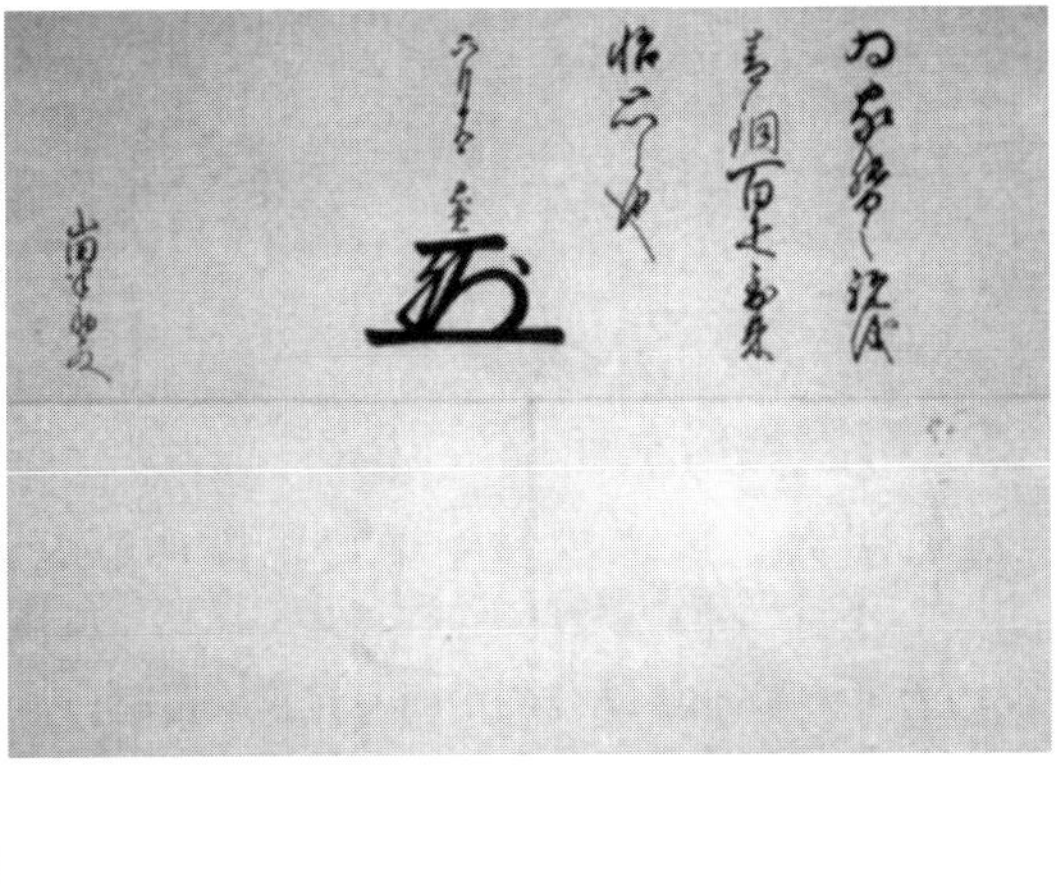

松平忠堯筆折紙（個人蔵）

これも桑名

お国自慢

これぞ桑名の名産

桑名自慢の物産をちょっとだけ紹介

「その手は桑名の焼き蛤」の掛詞で知られる江戸時代からの名物。桑名の蛤は色・艶、味に優れ、「浜の栗」と呼ばれた。下の、貝殻を模した陶器に乗っているのは「桑名の殿さん時雨で茶々漬け」の俗謡で知られた「しぐれ蛤」。

地ビールと清酒。ビールが「上馬《あげうま》」、その左から「上馬」「かれかわ」「久波奈」。

たまり醤油味の「たがねせんべい」。もちろん手焼き。

参勤交代の諸大名から庶民まで広く親しまれてきた「安永餅」。つぶ餡入りの細長い餅を香ばしく焼き上げた。

◇2 高田・白河両藩移封時代

これまで越後高田藩は頻繁に藩主の交代があったが、桑名から入った松平（久松）家五代の統治で安定した。幕府の信任をえて寛保元年（一七四一）奥州白河へ転封され、老中松平定信が誕生する。

高田時代：松平定逵―定輝―定儀―定賢

宝永七年（一七一〇）八月、松平定重が野村増右衛門事件の不首尾で越後高田へ転封になり、定逵《さだみち》、定輝《さだてる》、定儀《さだのり》、定賢《さだよし》に至り、五代三十一年に渡り、同地を統治した。入れ替わりに戸田忠真《とだただざね》（六万七千石）は、高田在城一代九年で下野宇都宮へ転封となった。これまで頻繁に領主の交代が続いた高田藩だが、桑名からの松平家の移封で安定をみた。

領地は頸城、刈羽、三島、蒲原郡のうちで十一万三千石。桑名の野村事件で懲りたのか、藩政はそれまでの領主と違い、厳格かつ厳正に行われた。民間では次のような俗謡にうたわれたという。

丹後鰤《ぶり》能登鯖《さば》まではよかりしに　越中鰯《いわし》の塩の辛さよ

丹後は稲葉丹後守、能登は戸田能登守のことで、越中は松平越中守で、塩の辛さは政治の厳粛を風刺したものである。

唯一の特筆すべき事件としては享保七年（一七二二）、頸城郡の幕府領一五〇村において「質地騒動」が起こった。高田藩は関係農民を多数逮捕、重刑にして解決を図り、幕府の信任を得ることができた。

松平定逵《さだみち》（定綱系久松松平家・第四代）

延宝五年（一六七七）、定重の五男として江戸に生まれた。母は駒井氏。幼名を豊松、豊五郎と称した。元禄四年（一六九一）従五位、因幡守に叙任。正徳二年（一七一二）九月七日、家督を相続したが、病弱で治世上みるべきものはなかった。学問を好み黒田正足を招いて師とした。享保三年（一七一八）九月十日病没した。享年四十一。墓は江戸深川霊岸寺。正室は大久保忠増の女、側室は烏丸光雄の女。

松平定輝《さだてる》（五代）

宝永元年（一七〇四）四月二十四日、定逵の長男（次男とも）として江戸に生まれる。母は烏丸光雄の女。幼名豊五郎。享保三年（一七一八）十月、十五歳で家督を相続。同年十二月従五位下、日向守に任ぜられたが、のち越中守となる。享保十年（一七二五）十月二日、在任八年二十二歳で病没。墓は桑名照源寺。正室は浅野吉長の女。

享保七年（一七二二）、頸城郡の幕府領一五〇村で「質地騒動」が起こった。前年に農民救済のための質地に関する定めを、幕府は公布した。採決の不分明さもあって、一部の農民が都合よく解釈し、大規模な騒動に発展した。同九年、暴徒二〇〇〇は代官所を襲うなどしたが、幕府は越後諸藩に扱いを委ねた。

弱冠二十一歳の青年藩主、定輝は疾風迅雷の速さで断固鎮圧を命じた。家老服部半蔵、久松十郎右衛門の指揮の下、目付、奉行数十人が現地に赴き、主だった暴徒百数十人を逮捕した。厳正に吟味し幕府の指示を待って、翌年三月、刑を執行した。磔七人、獄門一一人、死罪一二人、遠島二〇人、所払い一九人、過料二八人、さらに獄中死五〇数名を出す大量処分だった。

この質地騒動における、鮮やかな裁断の功績が幕府に認められ、寛保元年（一七四一）十一月一日、定賢の代になって奥州白河への栄転の移封になったという。

松平定儀《さだのり》（六代）

定重の六男として江戸八丁堀に生まれる。母は側室笹尾氏。幼名三郎介。正徳二年（一七一二）蔵米を分与され別家となり幕府寄合衆となった。享保十年（一七二五）十月、定輝の養子となり襲封、越中守となった。在任わずか二年、同十二年九月二十五日没。享年四十八。墓は桑名照源寺。正室はなし。

松平定賢《さだよし》（七代）

宝永六年（一七〇九）六月、松平頼貞《よりさだ》（水戸支流）の四男として江戸に生まれた。母は側室松永氏。幼名左門、はじめ頼儀《よりのり》、頼軌と名乗る。定儀に二人の男子があったが早世したので、享保十一年（一七二六）、定儀の養子となり、同十二年十一月家督を相続。学問を好み、詩をよくした。従四位下、越中守となる。寛保元年（一七四一）十一月一日、奥州白河へ十一万石で転封となり、翌年三月城を受け取る。前任の松平（奥平）義知は、厳しい年貢の取立てで農民一揆と藩内抗争に明け暮れ、播磨姫路に移された。定賢は藩政の立て直しに努力しつつ、明和七年（一七七〇）没。享年六十二。正室は定逵の女。側室は烏丸光栄の女。墓は深川霊岸寺。

白河時代：定邦―定信―定永

松平定邦《さだくに》（八代）

享保十三年（一七二八）九月、定賢の長男として江戸に生まれる。母は定逵の女。幼名久米次郎、初名定多。明和七年（一七七〇）八月、家督を相続。天明三年（一七八三）致仕し、寛政二年（一七九〇）六月七日没。享年六十八。墓は深川霊岸寺。正室は黒田継高の女。定邦には嫡男がなく、英明な田安宗武の七男定信を養子に迎えた。

松平定信《さだのぶ》（九代）

宝暦八年（一七五八）十二月二十七日、徳川（田安）宗武の七男として江戸田安家に生まれた。宗武が八代将軍吉宗の次男なので、定信は孫に当たる。母は側室山村氏。幼名を賢丸《まさまる》。字は貞卿、旭峰と号す。幼少より聡明の評判高く、安永三年（一七七四）松平定邦の婿養子となった。天明三年（一七八三）家督を相続し従四位下、越中守となった。たちまち英才振りを発揮、領内の産業を奨励、倹約令をだし、藩校「立教館」を開校して藩士の教育にも意を注ぎ、定信自身綿服を着用し、朝夕は一汁一菜とした。天明の大飢饉による農村の立直しに尽力し、藩内からは一人の餓死者も出さなかったという。

この実績と清潔な人柄が評価され、同七年六月、老中首座、侍従となり「寛政の改革」を断行し、田沼時代の弛緩した幕政の立直しを図った。寛政五年（一七九三）尊号事件★もあり老中と将軍家斉の補佐を退いたが、左近兵衛権少将に進み、

▼**尊号事件**
八三頁参照。

松平定信（照源寺蔵）

溜間詰となった。以後は藩政に専念したが、文化七年（一八一〇）房総沿岸に砲台を築いた。

　同九年、致仕し、深川別邸に住み楽翁と号す。桑名藩中興の名君といわれ、深く学問を好み、詩・和歌をよくし、画も巧みであった。『花月草紙』『宇下人言』（定信の二字を分解したもの）『国本論』など一三〇種に及ぶ著作がある。贈正三位、文政十二年（一八二九）五月十三日没。享年七十一。墓は深川霊岸寺並びに桑名照源寺。正室は定邦の長女静徳。側室は加藤泰武（伊予大洲藩）の娘隼姫。桑名城内に守国大明神として祀られ、明治十三年十月、県社に列して守国神社となった。

松平定永《さだなが》（十代）

　寛政三年（一七九一）九月、定信の長男として江戸城西之丸邸に生まれた。母は加藤泰武の女。幼名は太郎丸のち式部太輔。文化九年（一八一二）家督を相続し、文政六年（一八二三）三月二十四日、祖先の地伊勢桑名へ転封となった。これが定永在任中唯一の大仕事だった。従四位下、溜間詰となる。天保九年（一八三八）十月江戸にて没した。享年四十七。墓は深川霊岸寺と桑名照源寺。正室は蜂須賀治昭（阿波徳島藩）の女綱姫。

鎮国守国神社

白河も　夜舟に近く御領国　（「定永」と題する桑名の古川柳）

松平定信と寛政の改革

定信は八代将軍徳川吉宗《とくがわよしむね》の孫にあたり、血筋の良さは折紙つきといえる。天明七年（一七八七）、老中首座に就任すると将軍家斉《いえなり》の信任を得て直ちに幕政の改革に取り組んだ。

前任者の老中田沼意次《たぬまおきつぐ》は将軍家重《いえしげ》の小姓から、さらに将軍家治《いえはる》にも取り入り信任を増し、側用人から遂には遠州相良藩主（五万三千石）にまで成り上がり、幕府若年寄の息子意知《おきとも》と共に、その権力は専横をきわめた。門閥、家格の支配する幕府官僚機構の中を昇進し、政権を掌握するためには、権門に対する賄賂、政略結婚、大奥の懐柔などあらゆる腐敗した悪政を用い、特定商品の専売制など商業重視の政治を行った。

田沼時代は十六年間も続き、その悪弊は幕閣から下々まで浸透して流行し、多くの儒者や心ある者からは顰蹙をかった。天明四年（一七八四）、子意知が殿中で佐野善左衛門《さのぜんざえもん》に殺害されたのを契機に勢力を失い、同六年将軍家治の病とともに老中を退き、翌七年には相良城も没収され、謹慎を命じられた。

徳川吉宗像（徳川恒孝氏蔵）

定信は改革にあたり、まず模範にしたのは、祖父吉宗の行った「享保の改革」であった。まず農業重視の本百姓体制、農を捨て都市に集まる人の旧里帰農（江戸引払い）令などを出し、倹約令、華美風俗の廃止、物価引下げ令、貯蓄の奨励、札差棄損令（六年以上前の古借金は反故）、無宿人や罪人の人足寄場の設置などを行い、江戸の都市整備再編を行った。

人足寄場は寛政三年（一七九一）、映画やTVでお馴染みの火附盗賊改、〝鬼の平蔵〟こと長谷川平蔵の建議により、老中定信が経費五〇〇両、米五〇〇俵を与えて設置した。石川島の埋立地一万六〇〇〇坪に、無宿浮浪人、軽科の罪人などを集め、細工小屋にて各種の手職を身につけさせ、収容六年後には銭五〜七貫文を就業の元手として与え放免した。老若男女別に、常時四、五〇〇人が収容され起居し、社会救済の先駆として大いに成功した。

さらに文武を奨励し、出版統制の強化、異学の禁（朱子学のみ正学）などの思想統一の強化を図り、幕府権威の回復が行なわれた。一連の改革により、財政危機をはじめ一応の効果は上がった。しかし、強固な引締め政策が急激に行われたため、民衆、特に支配層内部に不満や反発を深めたのは当然だった。わかり易く言えば、世の中が窮屈になり不景気になったのである。定信もそれを感じたのか、六年で老中を退くことになった。

また、華美贅沢な大奥を自粛させたことも当然反感をかった。大奥女中と高野

再建された白河城天守閣

山真隆の醜聞には厳しく遠島を申しつけたがこれも反感をかい、さらに好色（側室四〇人、子女五七人）の将軍家斉は大奥の反発を制止できなかった。

さらに面倒な**尊号事件**もからんでいる。寛政元年（一七八九）、光格天皇が実父閑院宮に太上天皇の尊号を望み、激しく朝廷と幕府が対立した。が、皇位につかない私親に天皇の尊号は名分を乱すと、定信はこれを拒否した。朝廷のこれまでにない強い姿勢に対し、衰えつつあった幕府の権威を守ったが、当然しこりは残った。

これらの結果、賢明な定信は、職に固執することなく職を辞した。「功名の下には久しく居る可からず」と自身も言うとおり、定信は進む前にすでに退くことを準備し、大改革には当然反発があることも知っていた。定信は辞職したが、その改革政治は文化末年頃までは継承されていた。

徳富蘇峰はその著『近世日本国民史』のなかで、「いくら割り引いても、定信は吉宗と共に、一代の偉人というべき資格がある」と絶賛している。定信の辞世は次の一句。

今更に何かうらみむうき事も　楽しきことも見はてつる身は

当時の世相を表わした落首がいくつかあるが、有名なのを二首。

白河樂翁（定信）の墓（照源寺）

白河の清きに魚も棲みかねて　元の濁りの田沼恋しき
世の中に蚊ほどうるさきものはなし　文武というて身をせむるなり

これも桑名

お国自慢
これぞ桑名の名物行事①
桑名自慢のお祭りを少し紹介

「桑名水郷花火大会」
伊勢大橋の完成を記念して昭和９年から始められた。揖斐川の中州から打ち上げられる数千発のスターマインは圧巻。7月下旬開催。

「桑名御台所祭・千姫折鶴祭」
桑名の千羽鶴と千姫をかけたお祭り。東海の台所・桑名の食文化をアピールする催し物も開催される。

「桑名聖天大祭」
４月１、２日に大福田寺で行われる。火渡神事や重要無形文化財の伊勢大神楽、稚児行列などが見もの。

3

奥州白河より再度伊勢桑名へ

白河の統治は、定邦―定信―定永と三代八十二年続いた。
文政六年（一八二三）、世間の耳目を驚かせた「三方お得替え」で、
定信の宿願だった祖先墳墓の地桑名へと移封される。

三方お得替え

文政六年（一八二三）三月二十六日、江戸からの早駕籠がすっ飛んで来て、桑名城下は上を下への大騒ぎになった。なんと寝耳に水の武州忍藩《おしはん》（現埼玉県行田市）への国替えの通知である。なにしろ忠雅より忠堯まで七代、百十三年間住み慣れ、人心も安定した墳墓の地である。しかも藩主忠堯は家督を相続してまだ二年、二十二歳の若さである。なんとかこの幕令を反故にできないかと、江戸家老に幕閣への慰留の運動を命じたが、将軍家斉からの大きな力が働いており到底無理だった。

実は元老中白河楽翁公こと松平定信の多年の宿願、藩祖定綱公以来の先祖の地伊勢桑名に帰り、風雅に余生を過ごしたいとの切なる願望があった。それに対し

寛政大改革の功労者、定信に対する将軍家斉のささやかな報恩だと知れば、まったく手も足も出ないことであった。

しかも白河から松平（久松）定永《さだなが》が桑名へ、桑名の松平（奥平）忠堯《ただたか》が忍へ、忍の阿部《あべ》正権《まさのり》が白河へと、珍しい三方所替えだったので、世間の耳目を驚かした。江戸で流行った有名な落首がある。

住み慣れし忍をたちのきあべこべに　お国替えとはほんに白川
忍様はおし流されて白川へ　あとの始末はなんと下総
白川に古ふんどしの役おとし　今度桑名でしめる長尺

蛇足ながら解説すれば、下総（守）は忠堯、ふんどしは越中（守）定永、住み慣れしというのは、九代百五十五年忍に居城した阿部豊後守。

普通国替えはサラリーマンと同じく栄転、左遷それぞれに理由があるものだが、今回は落ち度もなにもなく、突然の移動だった。しかも阿部家は譜代で幕閣が輩出した名門、かたや御連枝親藩の名門である。それが理由もなく移動させられたということは、いかに元老中定信の威光・存在が大きかったか想像される。

大騒ぎになった桑名城下だが、領内の農民の動揺も大きかった。藩は財政難のために助成講をつくり、農民から金を借りていた。農民は即時返済を要求したが返金されない。これは藩と庄屋が結託していると疑い、次々と庄屋を襲う一揆となった。「文政農民一揆」といい、藩内の庄屋の半分、約一二〇が被害を受けた。

藩士たちは引っ越し準備で多忙の上に一揆鎮圧に出動と、収拾がつかず、近隣諸藩の応援を得て、首謀者数名を斬に処し騒動は収まった。その間にも少人数ずつに別れて忍への移動を開始、八月十九日の第一陣から、十一月十二日忠堯が忍城に到着するまで、前後百日に及ぶ大移動であった。

家臣の家族も合わせて約五五〇〇人、毎日一〇〇人ほどが桑名を出発した。人足を動員し家財道具一式を荷車に積んで、東海道、または中山道を桑名から忍まで約百一〇里（四四〇キロ）十二、十三日かけての難旅であった。なかには漬物樽、墓石まで持ってきた家族もいたという。ようやくたどり着いたが忍には家が間に

合わず、やむをえず数家同居し、年寄りたちは桑名弁で毎日のように、住み慣れた桑名の話をして愚痴をこぼしていた。

二百五十石取りの上級武士、黒沢翁満一家も老父を一人桑名に残し、十二日かけて忍へ着いた。桑名では一〇七畳あったのに、ここではわずか三八畳しかなく、しかも古いあばら家であった。

それもそのはず、同じ十万石でも阿部公の士分は三九一人、それに対し、松平公の家臣は三倍以上もいた。急いで家臣の住宅を増設したが、すぐには間に合わずすべての面で不自由を強いられた。また藩主ゆかりの天祥寺、桃林寺等五カ寺も、領主の墓と共に移転したが、この移転の諸経費及び旧借財は合わせて十万両の巨額に達した。これを桑名の豪商山田彦右衛門が引き受け、御勘定頭八百石取りの士分に取り立てられ共に忍へ移った。

『移封記』の記録

一方、桑名へ移封が決まった白河ではどうだったのか。移封の第一報が白河城下に入ったのは文政六年（一八二三）三月十二日、なぜか桑名への第一報より二週間も早かった。藩主定永《さだなが》は十八日出発し、二十二日江戸へ着き、二十四日江戸城にて桑名移封の命を受けた。この桑名国替えの報を聞いた城下は、大いに沸き立ち明るい雰囲気に包まれた。家臣一同は上も下も家族共々手をとりあって喜んだ。早速、赤飯を炊いてお祝いをした家臣もいたという。

桑名への移封を喜んだ理由はいろいろある。まず第一には、藩祖定綱公以来の祖先の墳墓の土地、百十三年振りに故郷へ帰れるということ。第二には、厳しい寒冷の山国から、温暖で物成りよく暮らしよい土地へ移れること。第三には、奥州の辺鄙な土地から東海道の要衝で、お伊勢さんや京・大坂にも近く繁華な桑名へ移れること。第四には、桑名には海があり、海の幸の恩恵がある、などなどであり、お国替えとはいわずお得替えと称して喜んだ。

移封の様子を詳細に書き記した記録がある。『文政六癸未年三月　御国替一件』というが、通常は『移封記』と呼ばれている。

著者は桑名藩士渡辺平太夫、当時三十九歳の舞台格★という下級武士（九石三人扶持）だが、藩祖定綱公時代から家臣に加わった誇り高い家柄である。平太夫の名が今日まで記憶されているのは、天保元年から死去するまでの十年間、詳細な記述の『桑名日記』（二〇九ページ参照）が残されているからである。

『移封記』によれば、国替えの手順は、三月直ちに城内及び家臣居宅の修理・点検、城内・城下の絵図面の作成、四月武器在庫調査と海上輸送の手配、五月には居城の引渡し・受取りの役職の決定、六月荷物運送法と費用算出、七月には旅装束や関所手続きの指示など細かい移封準備が行われ、さらに「家中諸法度」が通

▼**舞台格**
お目通りが許される下級武士の呼称。

達された。

そしていよいよ八月二十二日から十月二十二日まで、家臣・家族は連日白河を出発、東海・中山両道から桑名に向かった。当然、時を同じくして桑名から忍へ移動する一行ともすれ違っただろう。忍行きの人々と違うのは、主要な大貨物、武具・武器や調度・家具類は、磐城平潟港から海路船便で桑名へ直送し、人々は身軽になって移動できたことである。

『移封記』より興味ある家臣への通達事項を、幾つか拾ってみよう。

●「（お国替えの）場所得失等之評論浮説触れ申さず事」（露骨に喜ぶなという戒めか）

●「樹木伐取りは届け出る、屋敷内竹木等に至迄荒らさぬよう立退く事」

●「仮令自分で補修之建具類は勿論、庭木石等迄も其儘差置く可く申候」

●「引越旅装之儀、白川桑名（江戸）表宿逗留中、絹布綿服覚悟次第に候。質素手堅之有事」（要するに、あまり見苦しい姿や派手な格好はしない）

●「今度御得替えニ付、御家中末々迄、借財多くの向は難渋為す可、（略）拝金之儀ニ付別紙之通り」（借金の多い者には、藩より前借りできる）

●「桑名表へ引越、御手当之儀、別紙之通り下置候得共、（略）引越遠路に付、失費多く有可し、万端省略致し、質素に相心得候様……」などなど。

引っ越し手当が支給されたが、家格によって差があり、次のようになっている。

御代官など上級武士

御手当　一　金拾五両　内七両弐分ヅツ　白河　桑名渡　道中
一　継馬　壱疋
一　家内厄介　弐人一疋　但し大小人当才迄無差別
一　旅籠　壱人ニ付　二百五拾文ツツ　但し大小人当才迄無差別

無格無役の下級武士

御手当　一　金七両　内三両弐分ツツ　白川　桑名渡　道中
一　継馬　壱疋
一　家内厄介　弐人壱疋　但し大小当才迄無差別
一　旅籠　壱人ニ付　二百三拾弐文ツツ　但し大小当才迄無差別

上級武士のお手当が十五両、家族の宿泊代も支給され、これだけあれば楽に引っ越し可能と早合点してはいけない。荷物の運賃経費が莫大で、例えば箪笥一荷が金三分、長持の大型は金二両一分、中型は一両三分、小型は三分もかかるのだ。藩全体の移封に伴う費用は、なんと九万両かかった。白河時代の借財が一万四〇〇〇両、合わせて一〇万四〇〇〇両の借財で藩の財政をますます圧迫することになった。

これも桑名

お国自慢

これぞ桑名の名物行事②

桑名自慢のお祭りを少し紹介

「多度まつり」
武者姿の少年が馬を駆って絶壁を登る古式上げ馬神事。毎年５月５日、多度大社の例祭神事として執り行われる。

「ちょうちんまつり」
これも多度大社８月の祭礼。多度町の夏の風物詩。

「七福神まつり」
11月23日、十念寺境内で、大正琴・舞踊の奉納、七福餅投げなどが行われる。

桑名人物伝①

守国公、楽翁
松平定信《まつだいらさだのぶ》

宝暦八年（一七五八）～文政十二年（一八二九）。田安宗武第七子として江戸に生まれた。八代将軍徳川吉宗の孫。幼少より利発だったが、安永三年（一七七四）奥州白河藩主松平定邦の養子となる。天明三年（一七八三）二十五歳で家督を相続、従四位下、越中守に任じられた。

折からの天明大飢饉（浅間山大噴火）があったが、藩内特に農村の治政に手腕を発揮し、領内からは一人の餓死者もださなかったといわれる。華美を禁じ自身も綿服を着用、一汁一菜を守った。

藩政再建の実績と清廉潔白な人柄を評価され、天明七年老中首座となった。ただちに「寛政の改革」を断行、前任者田沼意次時代の華美贅沢を禁じ賄賂政治の悪弊の変革をはかった。

本百姓体制の再建（離農の抑止）、江戸の都市秩序の再編に取り組み、倹約令、物価引下げ令、旧里帰農令、貯蓄の奨励、人足寄場の設置などの諸政策を打ち出した（詳細は本文「松平定信と寛政の改革」八一ページ参照）。

寛政の改革ではかなりの成果を上げたが、あまりに厳格な緊縮政治に民心の離反や支配層の反発をかい、在職六年あまりで老中を免ぜられた。が、定信の改革基調はその後も継承され、幕政に永く影響をあたえた。

定信は学問文芸などの教養にすぐれ、自叙伝「宇下人言」はじめ、「国本論」（政治論）、「花月草紙」（随筆集）、「集古十種」（古器物図録集）など著書多数がある。

文政六年（一八二三）、三方お得替えによる白河から桑名への再封は、定信の強い祖先墳墓の地へ回帰の思いが、強く幕閣を動かしたといわれている。定信自身は老齢でもあり、江戸深川に住み桑名にくることは遂にかなわなかった。

（桑名市博物館蔵）

万古焼の祖
沼波弄山《ぬまなみろうざん》

享保三年（一七一八）～安永六年（一七七七）。桑名の代表的文化人。名は玄長、通称は五郎左衛門、弄山は号。船場町の商人だが風流を好み、茶道に精進し、やがて陶器に趣味をもって、小向の別荘に窯を築き、シャムやオランダ風の彩色画を描いた陶器をつくった。これを万古焼と称し、やがて桑名の名産となった。

のちに幕府の命により江戸に召され、小梅村に居を構え、万古焼（古万古）は大いに隆盛した。弄山の墓所は新町光徳寺にあり、県指定史跡となっている。

不敗の陸軍大将
立見尚文《たつみなおふみ》

弘化二年（一八四五）～明治四十年（一九〇七）。幼名鑑三郎、維新後尚文、号を快堂。桑名藩士町田伝太夫の三男、江戸八丁堀の藩邸で生まれ、のち親族立見家へ養子入り。馬廻り、禄高百八十石。

十四歳で藩主定敬の小姓となり、以後定敬所司代就任と共に鑑三郎も若き公用人として江戸・京都を往復しつつ、藩主と苦労を共にするが、幕府の屋台は崩れ支えることはできなかった。

戊辰戦争では桑名雷神隊隊長として、関東、北越、会津、庄内を転戦すること半年、獅子奮迅の戦いで勇名を馳せる。が、戦いは我に利あらず、明治元年九月末庄内鶴岡で降伏・謹慎した（本文第六章参照）。

維新後も鑑三郎あらため尚文は武人の道を歩む。明治十年、西南戦争では旧桑名藩士四〇〇名を率い、陸軍少佐として城山攻撃に参加。明治二十七年、日清戦争では陸軍少将・松山第十旅団長として、仁川へ上陸し平壌を攻め、錦絵にも登場するほどの見事な攻撃をみせる（功三級、男爵）。

明治三十七年、日露戦争勃発、立見は陸軍中将・弘前第八師団長として参戦。翌年一月、黒溝台において彼の率いる三個師団は敵八個師団と、酷寒下三昼夜に渡って激闘、遂に撃破し日露戦争を勝利に導いた。「立見は東洋一の用兵家である」と内外から激賞された。

この武勲に対し、功二級勲一等、ついに陸軍大将に累進した。が、これは薩長閥が牛耳る陸軍にあっては、朝敵賊軍出身者としてはまさに異例中の異例であった。

維新後の立見尚文の精神的支えは、桑名武士の名誉と面目と意地をかけて、外なる敵（清国、ロシア）と戦いつつ、また、内なる敵（薩長閥）に対する反骨であった。

そして、戦い終わるや、明治四十年三月七日、静かに巨木は倒れた。享年六十二歳。その葬儀には明治天皇からも供花が寄せられ、長州の山県有朋、薩摩の大山巌の両元帥が参列し、立見の棺に深々と頭を垂れた。墓は東京青山霊園にあり、美濃夫人と仲良く眠っており、子息には子爵が贈与されている。長兄は神風隊隊長町田老之丞（武須計、桑名町初代町長）。実弟は寒河江で戦死した町田鎌五郎。

高等裁判所所長・貴族院議員

加太邦憲《かぶとくにのり》

嘉永二年（一八四九）～昭和四年（一九二九）。桑名藩士加太喜内の三男として桑名城下外堀に出生した。幼名三治郎、のち縫殿介、維新後は邦憲。白鷹と号す。藩校「立教館」で学んだが幼少より頭脳明晰、十六歳で立教館の漢学の講師を務める。慶応四年（一八六八）一月、鳥羽伏見の戦いでは、桑名からの援軍に加わり駆けつけたが、途中の奈良にて幕軍の敗報を聞き、桑名に戻り本統寺に入り謹慎した。

明治三年（一八七〇）三月、藩から奨学金をもらって上京、大学南校（東京大学の前身）に入り、フランス語を学んだ。明治五年あらためて司法省明法寮学校（東大法学部前身）でフランス法学を学び、明治九年卒業し日本で最初の法学士の一人となった。

その後司法省に勤め、フランス民法の翻訳をし、日本の民法制度の基礎をつくった。

この時の訳語が、その後の日本の法律用語として使用されている。

明治十九年三月から同二十三年七月まで欧州留学、帰国後は京都や東京地方裁判所所長を歴任、明治三十一年には大阪控訴院（高等裁判所）院長となった。

明治三十八年には引退、その後東京に移り旧藩主松平家の御用係、また維新史料編纂会の委員を務め、明治四十三年には貴族院議員（終身）に選ばれている。晩年に至り壮健となり、昭和四年、東京で逝去した。「文の加太邦憲、武の立見尚文」この二人は旧桑名藩の出世頭といわれている。享年八十一歳。墓は東京谷中玉林寺。

第四章 松平越中守の時代（後期）

「三方お得替え」で再び桑名へ、定永―定和―定猷―定敬と幕末まで四代。

1 近世の桑名

待望の祖先の地桑名に戻り、定永―定和―定猷―定敬と四代幕末まで続く。「家中諸法度」を定め、白河より藩校「立教館」を移設するなど、藩政の充実を計った。が、移封費用、幕府手伝いなどで藩財政は悪化していく。

墳墓の地へ戻る

文政六年（一八二三）、定永は祖先の墳墓の土地桑名へ入った。父定信・白河楽翁公は念願かなったが高齢でもあり桑名には来なかった。同十二年江戸深川において七十一歳の生涯を終えた。今もその地は白河の地名として残っている。

定永は桑名へ入ると、早速財政の立直しにとりかかった。新しい桑名藩領は伊勢桑名・員弁・朝明・三重郡の一部で八万三千石、越後魚沼・刈羽・三島・蒲原郡の一部で五万九千石、計十四万二千石（表高は十一万石）の実高となった。越後分は高田、白河藩時代からの領分で、柏崎に陣屋を置き藩士を交代で常駐させて管理した。翌七年には藩士の知行を十年間、一分五厘から四分五厘支給を減らした。

同十二年には江戸八丁堀の上屋敷が類焼、天保四年(一八三三)上野御普請手伝い、同九年には江戸城西の丸造営手伝いがあり、藩財政はさらに悪化した。このため領内の有力商人、大坂商人からの借財や御用金でしのいだが、同八年大坂商人鴻池からの借財は銀六百五十一貫に達している。

同八年六月一日、浪人生田《いくた》万《よろず》一派が柏崎陣屋を襲撃した。生田万は三十七歳、元館林藩の国学者だが、柏崎にきて私塾を開いていた。同年二月大坂の大塩平八郎の乱に触発され、救米を要請したが入れられず、万ら六人が陣屋に斬り込み生田万自身も傷ついて自刃し、他いずれも死亡。桑名藩士も三名が死亡した。

松平定和—定猷—定敬

松平定和《さだかず》(十一代)

文化九年(一八一二)八月、江戸八丁堀に定永の長男として生まれた。幼名寧太郎。母は蜂須賀氏の女綱姫。天保四年(一八三三)侍従、溜間詰となる。同九年十月、父定永没して家督を相続し越中守となる。藩財政の立直しに着手し、翌年藩士の俸禄を人別扶持(家族数に応じて玄米を支給)に切り換えたり、城下の有力者数十名を御内用懸に命じ藩財政の不足分を借りる機関を作ったりしたが、在任わずか三年足らず、同十二年桑名本城に没した。享年二十九。墓は深川霊岸寺と桑名照源寺。正室は島津重豪の女孝姫。

松平定猷《さだみち》（十二代）

天保五年（一八三四）、定和の長男として生まれた。母は島津氏の女孝姫。幼名和之進。定統、のち定猷と名乗ったが、時の将軍家定《いえさだ》の諱を避けて猷《みち》と称した。同十二年、僅か八歳で家督を相続。翌十三年、五月と六月の大雨で領内の堤防が決壊し、城下は水害に見舞われた。が、この年の米は豊作で、藩の米蔵も満杯となった。大坂鴻池からの借入もこの年以後五年間零となった。

弘化四年（一八四七）、従四位下、越中守となる。江戸城本丸造営費上納、江戸桜田門火消し拝命、江戸屋敷類焼と出費が重なる。安政元年（一八五四）二月、房総沿岸警備を命ぜられている。同年六月、安政の大地震では城郭や領内の被害も大きく、幕府より五千両を借用。さらに同五年には京都警備を拝命するなど、いよいよ幕末の激動期にさしかかった時、同六年（一八五九）江戸で急逝した。享年二十六歳。墓は深川霊岸寺。正室は真田幸良の女貞子。実子（のちの定教）が三歳で家督を相続できないので、美濃高須藩から養子定敬を迎え跡継ぎとした。

松平定敬《さだあき》（十三代）

弘化三年（一八四六）十二月、美濃高須藩藩主松平義建《よしたつ》の八男として生まれた。

母は今西久太夫の女亀姫。幼名鍥之助。安政六年（一八五九）先代猷の急死により、養子として家督を相続した。元治元年（一八六四）四月、京都所司代を拝命、実兄の会津藩主松平容保《かたもり》（京都守護職）と共に、幕末多難な京都警備についた。慶応四年（一八六八）正月、鳥羽伏見の戦いで敗れ、江戸開城後も北越―会津―仙台―箱館と旧幕軍の中核として戦い続け賊軍の汚名を被った。

明治二年（一八六九）致仕し、家督を猷の嫡男定教《さだのり》に譲り、東京に隠退していた。明治十年西南の役が起こるや、旧桑名藩士族四〇〇名を募り鹿児島に出征、その手当数千円を家族に給与した。その後、日光東照宮の宮司を務めたのち、明治四十一年（一九〇八）七月二十一日逝去。享年六十一。墓は東京染井霊園。病が進むに及び特旨をもって従二位、子爵を授けられた。正室は猷の女初姫。側室は徳川慶篤《よしあつ》の女。幕末の激動に翻弄され流転を続けた孤独な藩主、定敬の詳細な事績は第五、第六章に譲りたい。

家中諸法度の制定

定永は白河から桑名への再封にあたり、新たに細々した「家中諸法度」十九条を制定し、家臣一同の人心の引締めを図った。質素倹約の他に武芸・学問を奨励し忠勤の者には恩賞を与えた。また白河時代の藩校「立教館」を移設し、藩士の子弟の教育に意を注いだ。主な条令は次のとおり（一部現代語意訳）。

家中諸法度

一　家中の面々、文武忠孝の道、相励み相勤めたる次第は、恩賞宛行き候事

一　家中の面々、常々覚悟第一、武芸専心懸け、不事取合う可為肝要の事

一　家中訴訟出入結党し曲事為すもの、家老組頭に背き、下知に従わぬ我儘者は、検議の上、急度申付け可き事

一　博打は勿論相慎み、遊者之有る場所相越すは不可、相背くは曲事（博打はもちろん、色街などへいくのはけしからん事である）

附　過酒失士道不心懸候事不可（酔っ払うのは士道不覚悟である）

一　簡略を相守り、身の上より物事軽少にし、奢たる躰致すべからず、年寄り共始め木綿之外一切着用致すべからず

一　人々妻女之衣類、すべて結構にすべからず、金糸縫い類制止すべき事

一　鉄砲稽古四季構わず差し免す、鳥杯打事固く禁制の事

（略）

右之條々固く相守べき、若し違背の族之有るは、厳科に処す可き者也

その他、伊勢参りなどの旅行は届けを出す、火の元取締り注意など、十九条に

渡り細かい規則や注意があり、現代サラリーマン以上に肩苦しい地味な日常生活だったと思われる。事実、渡辺平太夫の『桑名日記』には、頻繁に、家中誰々が何々のため、横目より処分が行われたとの詳細な記述がある。

藩校「立教館」

定信が孔子・孟子を尊重し、白河時代の寛政三年（一七九一）に創立した藩校「立教館」も移動し、城下伊賀町に設立された。教授（校長）は藩士片山恒斎《かたやまこうさい》（一七九二〜一八四六）で、国学、漢学、詩歌、兵学に精通していた。

藩の士分以上の子弟が八、九歳で素読科（初等科）に入り、十三、四歳で対読科（中等科）、十六、七歳で独看科（上等科）に進む。十五歳になると必ず武術（剣術）も修めることになっており、十六、七歳より更に槍術、特に柔術は必修科目だった。二十歳以上の筋骨発達にともない、武術数科（その他の武術）の専修を必要とし、公務や家事のため文学部は退学可能だが、武術はその士役につく間は、必ず一科以上は続ける必要があった。

各科の教科書は、概ね次のとおり。

（1）素読科　四書（大学、中庸、論語、孟子）、五経（易経、詩経、書経、春秋、礼記）：素読にとどまる

立教館扁額の文字（松平定信筆）
（桑名市教育委員会刊『桑名市史』所収）

（2）対読科　春秋左氏伝、史記、漢書評林、三国志、十八史略、通俗日本の史記（前太平記、保元平治物語、源平盛衰記、北条九代記、武家評林）

（3）独看科　日本外史、日本政記、温公通鑑、無点唐本、四書（講義）、作文（文章軌範、唐宋八大家）

素読科は九部（クラス）あり、各部に句読師（独看科優等生より選任）各二名がおり、交代で半数が出校して教え、半数が非番だった。

講義の他に館内施設で文武各教科を学んだが、それは次のようだった。

文学部：史学　数学　書学（習字）　容儀学　舞学及び音律学（舞楽）

武術部：兵学　剣術　槍術　弓術　馬術　柔術　棒術　居合術　銃砲及び火矢術

舞学、音律学は特別指名された者のみが学習するが、正課に取り入れているのが本藩学の特徴で、楽翁公の舞学の正統を復興させ、後世に伝えようとの遺志だった。のちに不敗の天才用兵家といわれた、雷神隊隊長立見鑑三郎《たつみかんざぶろう》（尚文）も九歳で舞を習い、十五歳で目録伝授となり、のち江戸の昌平黌に学んでいる。

開校時間は午前九時より午後四時、休業日は一、四、七のつく日、他に夏休み、冬休みがあった。素読科は受講が終われば午前中で帰宅、対読科は午後武術練習などを行った。

創設時には教授一名、学頭二名、学校目付二名、句読師七名だったが、文久三年（一八六三）には教授一名、学頭五名、書物奉行一名、句読師一八名となった。さらに文学部（館）は教授一名、助教三名、補教九名。武術部師範役は、兵学二名、剣術五名、槍術長刀四名、弓術三名、馬術一名、柔術棒術二名、居合術二名、銃火矢術五名、遊泳漕舟術一名となっていた。

同じく、江戸八丁堀藩邸と柏崎陣屋にも学校を開き、桑名と指導者を交換して同様の教育を行った。

その他、庶民の子弟教育機関としては寺子屋が多数あり、読み・書き・算盤を教えていた。私塾も城下所々に開設されており、主に漢学が中心で朱子学や詩文を教えていた。また和算（数学）の盛んな土地で、達人不破右門（号梅仙）は、桑名藩江戸留守居役として長く江戸にあったが桑名へ帰り私邸で文学、算学を教え、緒川師房、庭山政勝らも私邸で算学を教授し大きな功績を残した。

②

城下の暮らし

交通便利な桑名では米市場がたち、桑名商人が活躍した。
一方、俳句をはじめ文人墨客らの文化も花開いた。
また下級武士渡辺平太夫は、柏崎陣屋に転勤した息子勝之助との、十年間の詳細な交換日記を残している。

米市場と桑名商人

天保の飢饉では全国で一揆が多発したが桑名では発生しなかった。しかし、凶作で藩財政は苦しくなり、天保八年（一八三七）には大坂の豪商、鴻池、升屋、千草屋から借金をし、この抵当にその年の年貢米二万二千石、来年分一万八千石を渡すという苦しいやりくりをしていた。

桑名は温暖な気候と良い土壌に恵まれ、本来は米の作付けには適した土地だった。また木曾・揖斐・長良の三大河川の舟運があり、美濃、尾張の米所に近く、集散地としてこれまでも機能してきた。

大小の米問屋ができ、現物取引から投機でも扱われるようになり、仲買、小売などの米商人が多数現れ米蔵が増えた。彼らは米会所の設立を藩主から許可され、自由権を獲得した。藩から保護されると、米の取引はますます隆盛し、それで巨利を得た門閥商人、御用商人も当然現れた。

米の相場は在庫、季節によっても絶えず変動する。一旦問屋の米蔵に納められたのち、各地の商人が集まり、賑やかな米市が立った。この桑名の米市は幕末から明治に入っても、ますます隆盛を極め、船場商人、堂島の米問屋らが集まり投機相場に沸き、各地の米問屋商人は耳目をそばだてた。

例えば米会所で相場が決まると、すぐ屋上に上り、いろいろの旗をふり合図する。それを多度山の三本杉で受けて、同じく旗の合図で名古屋に送った。名古屋では望遠鏡で旗通信を確認し、商人は直ちに触れ歩く行動に移った（余談ながら筆者の生まれた桑名市新築の二階建て長屋住宅も、当時の米商人の起居する場所だったというが、戦災で焼失し今はない）。

紀行と文化・俳句

桑名は俳壇・俳句の盛んな土地である。しかし芭蕉以前は伊勢南や伊賀に押されてあまり振るわなかった。

俳聖**松尾芭蕉**は正保元年（一六四四）隣国伊賀柘植庄に生まれた。記録の上では三回桑名を通過している。貞享元年（一六八四）、四十一歳のとき「野ざらし

紀行」と称し、門人千里をつれ大垣から舟で桑名へ来て本統寺で一句詠み、

冬牡丹　千鳥よ雪のほととぎす

一泊し翌朝浜地蔵でも一句詠んで、七里の渡しで熱田へ戻った。

明けほのや　しら魚白き事一寸

第二回は貞享四年冬、江戸を発して名古屋から桑名を通り伊賀へ帰郷。三回目は元禄二年（一六八九）九月、「奥の細道」紀行の帰途、やはり大垣から舟で、途中弟子河合曾良の故郷長島に寄り、その後桑名に入っている。

滝沢馬琴は享保二年（一七四二）八月、桑名に宿泊した。

「桑名の俳諧師はおしなべて美濃風と称す。しかれども（各務）支考が風調にもあらず、田舎の俳諧は頑なにて、仏者の他宗をまじえざるが如し」と酷評している。

もともと桑名の俳諧は芭蕉の高弟**服部嵐雪**の雪中庵派、同じく**各務支考**の美濃獅子庵派の両派が盛んで、前者は主に武士階級、後者は町方の人々によって行われていた。支考は美濃大智寺の住職、俳号獅子庵、蕉門十哲の一人で美濃風の一

松尾芭蕉

派を立ち上げた。享保十六年（一七三一）、六十七歳で没したが、弟子雲裡が桑名本願寺に住して、間遠社を創立主宰した。

次に支考の一句、「享保七年春、岱山老人と一夜の名残りをおしむ」とある。

蛤の　くはなや逢ふは　別れかな

岱山は支考の門、桑名商人の佐々部茂佐衛門で、支考が「時雨蛤」と命名するときの業者との仲介者でもある。

奥州白河より桑名に移ってきた藩士たちは、雪中庵服部嵐雪の雪風体を学んだが、その後は広く他国の同志と交わり、正風の端緒を開いた。そして以後幕末にかけて駒井鶯宿、柳川川柳、成田竹軒らが一派をなした。特に鶯宿は博覧多識で「鶯宿雑記」五百余巻を著わした。つぎの一句がある。

年木樵　うぐいす聞いてもどりけり

桑名は東海道の繁華な宿場だけに往来する旅人の数も膨大で、古くは平安の在原業平、鎌倉時代の西行法師、元禄忠臣蔵の大高源吾から幕末のシーボルトまで、貴重な日記や記録を残している者も多い。そのうちこの時代の著名な人物の記録をいくつか取り上げてみたい。

歌川広重（一七九七〜一八五六）

天保元年（一八三〇）に江戸—京都を往復しており、そのときの旅の原画をもとに有名な『東海道五十三次』が出版される。その日記には、

「名物やき蛤にて一酌を楽しみに、漸く桑名へつく。早速一茶てんに腰をおろして、一盃傾けながら賞味す。まことに珍味なり」とある。

清川八郎（一八三〇〜一八六三）

出羽庄内の尊攘浪士で、のち新選組の母体・浪士組を率いた剣客清川八郎も、安政二年（一八五五）四月、母を連れて伊勢参りの途中佐屋の渡し（姫街道）から桑名へ入った。その著『西遊草』によれば、

「この間増山河内守（長島藩、二万石）の城下のわきなる堀を下り、且つ船頭酒手を乞い、かまびすしき事おびただしく、厭うべき舟なり。

桑名は海辺にありて、荒海を帯び、川をひき、松平越中守（猷）の城あり。櫓など数十、川にのぞみ、いと景色よろしき所なれども、昨年の大地震に壊られ、いまだ普請もできあがらず、殺風景なり。市中は東海道ゆびおりの城下にして、にぎわしきなり」

と詳しく描写している。遠く安芸の宮島まで行き、帰途は京大坂を見物し、七月再び桑名を通り、城下京屋に一泊している。

清川八郎

歌川広重「東海道五十三次之内　桑名　七里渡口」（桑名市博物館蔵）

河井継之助（一八二七〜一八六八）

越後長岡藩家老として戊辰戦争を戦った河井継之助も、安政六年（一八五九）六月、備中松山藩の儒者山田方谷に入門の途上、七里の渡しを渡り、桑名に一泊している。その著『西遊日記』によれば、

「宮（熱田）へ戻り、桑名に渡る。此渡し風景も面白ければ共、如何にも船頭名高い人の悪い処にて、彼に応答も亦一の慰み、遂に桑名の城濠を舟にて通る。知多郡の先、伊勢諸山を遙に見、誠に好風景愛す可きなり。桑名に宿す」

ここでも、箱根の雲助や大井川の人足みたいにガラの悪い船頭がでてくる。継之助も酒手を要求されたかもしれないが、雄弁な彼のことだから、逆に手玉にとったのかもしれない。

嘉永六年（一八五三）五月、長州の**吉田松陰**も江戸へ遊学の途中桑名を通っている（『松陰日記』）。また幕末には土佐の**坂本龍馬**が、七里の渡しを降りて放尿し、警備の桑名藩士秋山断に一喝されたという話もある。

『桑名日記』『柏崎日記』と渡辺平太夫・勝之助親子

この両日記は、当時の下級武士の日常生活を詳細に記録した貴重な資料であり、著者は白河からの引っ越しの記録『移封記』を記した渡辺平太夫とその養子の勝

河井継之助

之助親子である。

桑名城下西南のはずれ、矢田磧庚申堂に住む平太夫は、藩の御蔵に勤める五十歳の下級武士（九石三人扶持）だが、三十八歳の勝之助が柏崎陣屋に転勤となり、妻子を残して単身赴任となった。のちに妻だけ呼び寄せるが、当時の武士も現代のサラリーマンとなんら変わらない。

桑名の平太夫の書いた日記を柏崎に送り、柏崎の勝之助の書いた日記を桑名へと、便があるごとに送り、日記を交換した。この交換日記は天保十年（一八三九）二月から嘉永元年（一八四八）二月、平太夫が急死する三日前までの十年間、一日も休まず続けられた。この時代は第十一代桑名藩主松平定和から十二代猷の頃である。

毎夜暗い行灯の下で書いたその几帳面な根気の良さと、平太夫の筆まめさにはただ驚くばかりだ。藩の人事異動、賞罰、仲間の動向。世間の噂から城下の様子、近所との付合いや暮らし振り、食事の献立から孫の元気な様子まで、細々と総計二〇〇万字に及ぶ詳細な記録だ。平太夫の人柄か読後感はさわやかである。

藩財政悪化で、下級武士の生活は質素で自給自足、野菜をつくり、隣近所と分け合い、衣類もほとんどは女性の手作りで、「糸ひき」の内職にも精をだしている。また、お祝いごとがあれば近所仲良く集まり、たまには、多度神社参りのレジャーも楽しんでいる。

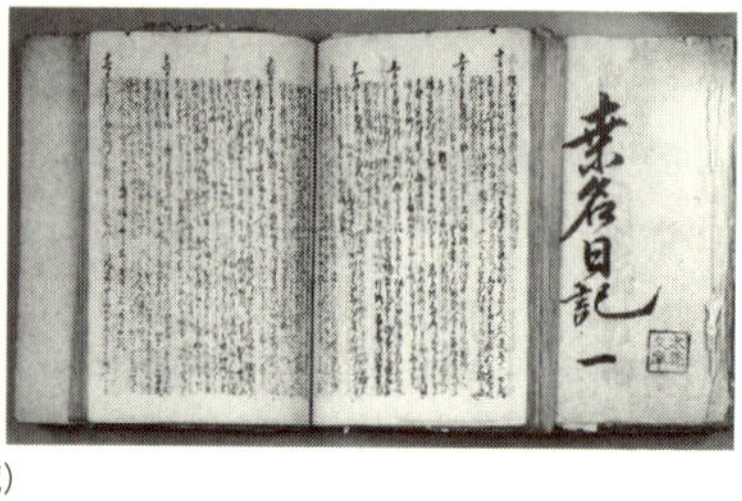

『桑名日記』（右）と『柏崎日記』（桑名市博物館蔵）

この話はＮＨＫテレビ「幕末転勤物語」としてドラマ化（平田満主演）され、好評を博し、二、三度全国放映されたので、ご記憶の方も多いのではないだろうか。

この『桑名日記』の天保時代、桑名城下にはどのくらいの人口があったのだろうか。天保十四年（一八四三）の調査では、桑名町民の家数二五四四軒、八八四八人、村の人口が約一万九九八〇人、武士が約一八〇〇人、その家族が約五〇〇〇人、城下を形成する桑名市域には約三万六〇〇〇人が居住していたと推定される。

町民の詳しい人口増減並びに、村の推定人口は次のとおり（西羽晃『桑名歴史散歩』）。

＊桑名町民の家数・人口の増減

延宝七年	（一六七九）	一八六四軒	一二五二〇人
元禄	（一七〇〇頃）	二〇〇九	一三一六〇
宝永七年	（一七一〇）	二〇六一	一一九〇二
寛延三年	（一七五〇）		一〇八五七
文政六年	（一八二三）	二五一九	八二五七
天保十四年	（一八四三）	二五一四	八八四八

渡辺平太夫の墓（法盛寺）

＊村の推定人口

赤須賀	二三六〇人	大山田	三五〇〇	桑　部	一〇〇〇
益　生	三五〇〇	在　良	一六〇〇	七　和	一〇七〇
久　米	一〇〇〇	深　谷	二三五〇	城　南	二六〇〇
				計	一九九八〇人

十六世紀から十七世紀にかけて増加した人口は、元禄時代をピークに十八世紀にかけて大幅に減少している。これは緊縮財政による増税、災害や飢饉の多発により、子供の養育が困難となり、日本全土で間引き、堕胎が行われたことによる。農村部では離農者も多く、統計は見当たらないが、さらに減少していたと考えられる。

日本一喧しい祭り・石取祭

桑名の石取祭（石採祭）は、元は比与利祭といって伏見天皇の正応二年（一二八九）に初めて挙行されたという歴史あるお祭りである。

石取祭は宝暦年間（一七五一～六四）に比与利祭より分かれたもので、毎年七月六、七日（現在は八月第一日曜日とその前日）の両日、美麗な祭車三十数台に町屋川で拾った玉石を載せ、日暮れから山形の提灯に点灯し、賑やかに鉦太鼓を打ち鳴らして、春日神社の神前に奉納する。享保二年（一七一七）には、一番から十三番、祭車が四五台あったという。

この祭りは鉦太鼓を叩きながら、必ずお囃子の唄をうたいながら歩く、まことに賑やかで勇壮なお祭りである。二十年ほど前にNHKテレビで、石取祭が紹介されたことがあり、そのキャッチフレーズは、なんと「日本一喧しい祭り」であった。

この石取祭唄の一節を紹介する（詳しい意味は不明）。

「町屋川原の撫子の花は（おさまあよ）昼はしおれて夜は開く
　　アアデンヤデンヤ　　おかっさんはうちにか
　蟹がもも挟んで　はさみちぎって　ほったたった　ほったたった
わしが娘は福じゃとおじゃる　福は福でもお多福めふく
　　アアデンヤデンヤ
七夕祭りは町屋川　三十六丁ひきそろえ
　　ゴンゴンチキチン　ゴンチキチン」

石取祭

といった調子で、桑名人の熱き心とエネルギーが融合し、軽妙かつ愉快に一晩中続いていく。たとえ喧しくてもうるさくても日本一はいいことだ。ぜひ一度皆様方も桑名石取祭をご覧あれ（石取祭は昭和三十三年、三重県無形民俗文化財に指定された）。

石取りの　桑名の夏がきたりけり　（天春静堂）
胸板を　祭り太鼓に打ち抜かれ　（山口誓子）
鐘太鼓雲に響きて大川の　ほとりの町に夏祭りくる　（水谷一楓）

3 桑名こぼれ話あれこれ

巷間語り伝えられている多くの物語、事実もあれば眉唾もある。
講談・浪曲で囃された「荒神山の出入り」も真相はちょっと違うようだ。
意地を通し餓死した侍や、義を通し遠く異郷で倒れた志士もいる。

妖刀村正

「一度鯉口を切れば、血を見ずには鞘に納まらぬ妖刀村正」などといわれ、代々徳川家に祟り、家康が恐れた斬れ味鋭い名刀村正は、桑名の刀工である千子村正一門の作である。

松平清康、広忠、家康、信康と四代に渡り村正で傷つき、あるいは命を絶たれ（清康、信康）、特に家康は二度も傷を負ったので、「村正は我が家に祟る」と忌み恐れた。以後徳川家は全国の大小名はもとより、その家臣に至るまで村正の佩用を固く禁じたという。

しかし、これはあくまで偶然の積み重なりである。その訳は、村正は戦国時代から江戸初期にかけて、多くの三河武士に愛用された。剛壮、切れ味無類の作風が質実剛健を旨とする三河武士の嗜好に合ったといわれ、また地理的に桑名と三河は近く、入手が容易で、価格も手頃だったのではないかといわれている。

　幕末になり、この「村正」伝説が復活し、西国倒幕派の志士たちが競って捜し求めたといわれる。事実、西郷隆盛や三条実美らも、村正の短刀を護身用に所持していたという。

　しかし、本多忠勝が桑名に入部し、四代村正は正重に改名したが、以後徳川譜代及び御家門の大名が治めるに至り、村正の銘は刀工史上からも抹殺されてしまい、その系統や伝記は正確に伝わっていない。

　しかし、凶変が起こるたびに妖剣の仕業となり、その後も吉原百人斬りなどの怪談話にはたびたび村正が登場する。徳川家の禁制により、破棄処分されたり、銘が削られ無銘とされたりで、現在まで残された本物の村正は数が少ないという。

血煙荒神山

　伊勢は甲州・上州と並び渡世人の三大メッカといわれたが、清水次郎長の養子・天田五郎（愚庵）の『東海遊侠伝』をもとに、三代目神田伯山の『次郎長外伝』で人気が出た、血煙荒神山の話は、その後講談、浪曲、小説に、さらにその後は演劇、映画、ＴＶ、歌謡曲と、今も義理人情の美談として大いに人気がある。

慶応二年(一八六六)四月八日、鈴鹿郡高宮の高神山観音(現鈴鹿市、荒神山観音)の例祭の当日、伊勢の顔役神戸《かんべ》の長吉《ながきち》と桑名の安濃徳《あのうとく》の縄張り争いの大喧嘩があった。

高神山観音の祭礼の四月八日は大いに賑わい、その前後には例年大賭博が開かれた。先代伝左衛門の跡目をついだ神戸の長吉の縄張りだったが、一日千両という莫大な身入りで、伊勢路の侠客連の羨望の的だった。これに目をつけたのが桑名の安濃徳で、この賭場を横取りしようと機会を狙っていた。

当時も賭博はご法度だったが、荒神山は亀山藩、神戸藩、幕府領との境界で、管理が面倒で自然放置された穴場のため、他国の侠客も集まってますます繁盛し盆割りや寺銭は数千両に上ったという。

当時、長吉は子分わずか五〇名、安濃徳は一〇〇〇名近い大親分だった。やむなく長吉は兄弟分の吉良の仁吉に加勢を頼んだ。すると仁吉は任侠のため、安濃徳の妹で愛妻のお菊を離縁して加勢する。さらに、同情した清水次郎長も大政、小政、法印大五郎以下数名を助っ人に出した。

かくて当日、荒神山を占領していた安濃徳勢三〇〇名(他に鉄砲猟師数十名)に、長吉勢五〇名が殴り込んだ。長吉は脇差しも抜かず便所に隠れていたが、大政が安濃徳の用心棒角井門之助(信州松本の浪人)を斬り、これを切っ掛けに大乱闘の結果、多勢の安濃徳側は敗北して下山した。

安濃徳側の死者は五名、長吉側は法印大五郎など三名、仁吉は鉄砲で撃たれ重傷を負ってその後絶命、双方の負傷者は一〇〇名に達する大喧嘩だった。

その後、安濃徳はヤクザ稼業の足を洗い、桑名江戸町で妓楼を開業したが、長吉残党の追撃がたびたびあり、遂に明治初年博徒由蔵の凶刃に倒れたという。以上が通説になっているのだが、真相はかなり違うようである。

まずは、安濃徳は穴太徳が正しい。出身が員弁郡穴太《あのう》（現東員町穴太）で本名は中野徳二郎、文政六年（一八二三）の生まれで当時四十四歳の男盛り。色白ででっぷり太った六尺近い大男、見るからに貫禄のある親分で、人柄も穏やかな人物だった。すでに穴太徳は江戸町で遊女屋を開いており、金には不自由せず寺銭ほしさに荒神山へ押しかけたりするはずはなく、長吉子分と穴太徳子分のケンカから騒動になったともいう（二年前にも「ご座れ参れの喧嘩」という、双方に死者を出す出入りがあった）。映画などでは進藤英太郎や上田吉次郎が憎々しげに演じるが、それも神田伯山の影響らしい。

またその最期も明治七年九月、脚気衝心のため自宅で逝去したという。五十二歳だった。女房ヒデはしっかり者で、穴太徳の死後は髪結いをしていたが、明治二十七年、五十七歳で亡くなった。子供はなかったという。

神戸の長吉は当時五十七歳、下総浜野村出身の吉五郎と呼ばれ、神戸の顔役木田松に中年の旅鴉として草鞋を脱いだ。吉五郎は背が高く、鼻も高く、顔が馬のように長かったので、「長吉」と呼ばれるようになった。

木田松の引き立てで売り出し、神戸を仕切るようになったが、便所に隠れるような卑怯な男ではなかったようだ。荒神山の喧嘩のあとは足を洗い、娘ほどの若い女房を貰い熱心な日蓮宗信者になった。養子の才次郎に跡をつがせ楽隠居、近所の子供たちに慕われる好々爺だった。明治二十三年、六十七歳で病没した。

一番男を上げた吉良の仁吉こと大田仁吉は地元百姓善兵衛の倅で当時二十八歳、三州吉良一家の三代目を継いで売り出し中だった。父親ほども年の離れた神戸の長吉に助っ人を頼まれたが、本人はあくまで当日は喧嘩の仲裁をするつもりだった。

清水の次郎長

通説では人望もある色白の好男子となっているが、実はアバタ面で少々吃音癖があった。六尺近い大男で、力は強く腕も立つ、やはり一角の男だったが、もっと若い頃は乱暴者として住民からは恐れられたともいう。荒神山で死亡して「吉良の任侠」として一躍名を残した。
当日は一三人の子分と、次郎長の勘気により、草鞋を脱いでいた大政以下一三人と合わせて二六人、吉良湊から舟で四日市に上陸した。女房のキクは穴太徳の妹で、前年に跡目の挨拶に桑名へ行ったとき、酒席の酌に出て仁吉に一目惚れ、その年の暮れに西尾の治助を仲人にたて祝言を挙げた。新婚三カ月余だったのは間違いないが、あくまで喧嘩の仲裁だったので、離縁などはしなかった。

対する穴太徳側も名前が記録にあるのは用心棒三人を入れて三六人、鉄砲猟師が数名いたのは事実である。通説の子分が五〇〇人も集まったなどはありえない。穴太徳とキクは東方専明寺に葬られ、墓もあったともいうが、住職に確認したところでは、現在墓もなく過去帳にも一切記録はないとの話であった。

（以上参考、中沢正『考証東海道遊侠伝』、増田知哉『侠客・博奕打ち物語』）

名奉行・矢部駿河守定謙の憤死

天保十三年（一八四二）、幕府名奉行といわれた矢部駿河守定謙が江戸から桑名に護送されて幽閉され、そのまま絶食二カ月、遂に憤死するという出来事があった。

定謙は通称彦五郎、堺町奉行下総守定合の子として堺に生まれた。幼年より父に従い堺に育ったが、まもなく家督を継いだ。順調に出世し火附盗賊改役などを経て、天保二年（一八三一）、四十二歳のとき堺町奉行となり駿河守に任ぜられた。天保四年、抜擢され大坂西町奉行に栄転、実績を上げ三年後には「矢部駿河」の名声は世上に知れ渡った。同七年、江戸に帰参して勘定奉行に進んだ。

定謙は経済や民政にも通じ、理非曲直をわきまえ正義感も強く、たびたび幕府への進言を行っていた。大坂西町奉行時代には、引退した元町奉行大塩平八郎を役宅に招き意見を聞き、顧問として優遇した。

　のち天保八年（一八三七）、大塩平八郎は難民救済の乱を起こしたが、定謙が町奉行ならこの乱はなかったであろうと人々は評した。新任の町奉行跡部山城守（老中水野忠邦の弟）が傲慢無礼で、定謙の注意を聞き入れなかったという。

天保十二年四月、定謙は江戸南町奉行となり、左近将監となり二千石を給された。当時、老中水野忠邦が、松平定信の「寛政の改革」にならって、「天保の改革」を断行しようとしていた。定謙はこの改革には反対ではなかったが、忠邦の短兵急な実行方法には同意しなかった。

　定謙の進言に忠邦は、改革を実行するには不適当な人物と考えた。また、水野三羽烏の一人、改革急先鋒の鳥居耀蔵は、定謙を町奉行でありながら改革を邪魔立てし、実行する意志なき者としてことごとく忠邦に讒言した。ついに、定謙は水野忠邦の詰問を受け、同年十二月、町奉行を免じられた。翌十三年（一八四二）三月、役宅を没収され、伊勢桑名松平定和にお預けとなった。定謙がなぜ桑名預かりとなったのかは定かではない。

　定謙の後任町奉行になった鳥居耀蔵は、洋学嫌いで徹底弾圧し、陰険残忍な性格で〝妖怪〟〝蝮の耀蔵〟などと呼ばれ恐れられた。北町奉行の遠山金四郎と対立したのはＴＶドラマなどでおなじみだ。忠邦の懐刀として

矢部駿河守桑名護送の図（鎮国守国神社蔵）

暗躍するが、最後には裏切った。忠邦失脚後は不正を問われ、丸亀藩に二十五年間幽閉されたが、しぶとく天寿をまっとうし、七十歳で明治七年没した。

定謙は籠の前後を十数名の桑名藩士に警護され、五月十二日、桑名に到着、吉の丸の幽閉所に入った。憤慨やる方なく絶食し、妻子を案じつつ七月二十四日、餓死した。享年五十二歳。渡辺平太夫の『桑名日記』には数項目の記述があり、当時の様子を窺うことができる。

桑名市内顕本寺から稗田薬王寺に改葬されたが、その後定謙の妻子が遺骸を掘り起こし荼毘にふしたという。昭和三十九年、薬王寺に「史跡矢部駿河守墓跡」の碑が建立された。

定謙は和歌を愛したが、幽閉中の二首が伝わっている。

うつすべき鏡なければ妻子のみか
　我影にさへ別れてしかな

君を思ふ心ばかりはかわらじな
　うさは我身にいやまさるとも

寒河江の遺骨

寒河江というのは、あのサクランボで有名な山形県寒河江市だ。この地は寒河江千軒といわれ、昔から藍玉、紅染め、最上川の水運で栄えた町である。庄内藩の預かり地でもあり、月山の山裾を通り六十里越えを越えれば鶴岡まで一五里(六〇キロ)の行程だ。

明治元年(一九六八)九月二十日、この地で桑名隊は戊辰戦争最後の壮烈な戦いを行った。後述(一九〇ページ参照)するように、折からの濃霧の中、薩摩を中心とする新政府軍二〇〇〇の猛攻を受けて、わずか三〇〇名の桑名隊は一九名(庄内隊四名)の戦死者を出した痛恨の一戦だった。

戦いののち、新政府軍側の遺体(九名)はまもなく取り片づけられたが、桑名兵の遺体は「かかわりあい」になることを恐れ、そのまま放置されていた。あちこちの町角には腐乱しかかつた遺体が横たわり、臭気はなはだしく凄惨そのものであった。

当時、高徳の誉れ高かった曹洞宗建徳山陽春院十九世大観和尚が「仏様には敵味方の別はない、私が葬って進ぜよう」との慈悲心と大英断から、遺体を集めて陽春院境内の地蔵尊裏に一括して納棺し、手厚く葬った。

昭和三十六年三月、当時、寒河江市では寒河江駅から河北町に通じる市街貫通道路工事を行っていた。本町の陽春院墓地の一部も、この工事で解体されることになった。

境内西南部にある地蔵尊裏に、こんもり繁った「梅もどき」の木があった。この下に縦横一六五センチメートル、深さ六五センチメートル、杉六分板（約一・八センチの厚さの板）の木棺が埋葬されていた。これが桑名藩士十九名の遺骨が眠る棺であった。

三月十一日、寒河江市文化財保護委員立ち会いで、陽春院以下四カ寺の住職による丁重な回向供養の後、発掘作業が行われた。陽春院尾形住職は桑名市当局に連絡すると共に、解剖学の権威、新潟大小片保教授に調査研究を依頼した。

その結果「大腿骨数より遺体は二〇体、しかし頭蓋骨は八体しかない。介錯し持ち去られた分が一〇体あると分かっているので、大体は一致する。損傷として頭蓋骨の前頭部左側より側頭部にかけて長き切り傷あり、頭蓋腔内に及んでいるもの一、左側大腿骨に切り傷あるもの三、同上腕骨に切り傷あり、髄腔にまで及んでいるものもある。銃創と思われるものは確認できない」。

これらの遺骨は、一部はその後遺族が持ち帰ったが、大部分は陽春院納骨堂の木箱二個に今も大切に保存されている。頭蓋骨に深い切り傷があるのは、薩摩兵と壮絶に斬り合った桑名藩士長瀬金太（二十歳）のものだ。

寒河江の戦で戦死した桑名藩士一八名の墓
（寒河江市・陽春院）

なお、同院には桑名隊の軍服の一部や龍の模様の真鍮ボタンも大切に保存されている。黒色の羅沙地ドスキンで、当時は輸入の高級品だったと思われる。血痕や切り傷が二、三カ所残ったものもあり、筆者も初めて間近に手にしたときは目頭が熱くなったことを覚えている。

また、同院には戦死者の供養のため、明治八年、松平定敬以下旧桑名藩士の有志二四名建立の墓碑がある。立派な墓碑は横長板状の白御影石で、谷三十郎を筆頭に戦死した一八名★の姓名が上下二列に彫ってある。

建碑費用は金参拾五円、松浦正明（秀八）、立見尚文（鑑三郎）、水野勝毅が中心になり、募金を集め建立したものである。

▼戦死者は一九名だが、内一名は唐津藩士（白水良次郎）。

これも桑名

桑名史跡巡り

桑名城跡（九華公園）

桑名市吉之丸、県史跡。JR関西線・近鉄線桑名駅東口下車、東へ徒歩十五分。

中世から「十楽の津」と呼ばれ水運で栄えたこの地に、慶長六年（一六〇一）初めて城郭を築き現在の町割りを造ったのは、徳川家康の功臣、徳川四天王の一人、本多平八郎忠勝である。現在三之丸跡地に、名槍「蜻蛉切り」を携え、甲冑姿の勇ましい銅像が建っている。

慶応四年（一八六八）一月二十八日、最後の藩主松平定敬不在のまま、先代定猷の遺子万之助（十二歳）を立てて恭順開城した。朝敵とされた桑名城の遺構はあまり残っていない。

明治以後、堀は埋められ、城の石垣は取り壊されて四日市港の築造に転用され、建物も民間に払い下げられた。鎮国守国神社、宝物殿、天守台跡などに往時の面影を偲ぶしかないが、九華公園として整備され、四月の桜、五月のつつじ、六月の花菖蒲まつりなど、市民憩いの場所となっている。当時の城壁としては、川口樋門から南大手橋に至る三之丸堀の石垣が現存しており、往時を偲ぶことができる。

天守台跡には、最後の藩主松平定敬選書の青銅製剣形の「戊辰忠魂碑」や、抗戦派の責任をとって切腹した桑名藩士森陳明を讃えた「精忠苦節」碑などがある。

七里の渡し跡

桑名市川口町、県史跡。JR・近鉄桑名駅東口徒歩十五分。木曾・長良・揖斐の三大河川の一つ、揖斐川の河口に面している。伊勢湾台風後、巨大な防潮堤ができて、当時の面影はほとんど残っていないが、石の大鳥居と河口付近の風景が、わずかながら往時を偲ばせる。

安藤広重の「東海道五十三次」の桑名の図では、熱田からの帆掛け舟が、大鳥居のある渡し場につぎつぎと入港しているようすが、ダイナミックに描かれている。

この大鳥居は、ここより伊勢の国に入ることから「伊勢の国一の鳥居」とよばれ、遠路はるばるやってきた伊勢参りの人々の旅情をなぐさめた。

桑名は東海道四二番目の宿場として大いに賑わったが、熱田の宮から桑名まで海上七里あったので「七里の渡し」と呼ばれた。当時の渡し舟は、小型が三四人、大型が五三人乗りなどであったが、所要時間は三〜四時間。船賃は変動があったが、大人一人江戸中期で四五文。蕎麦一杯が、二八の蕎麦といって一六文の時代であり、まずは妥当な値段といえる。

桑名より宮へ七里や天の川（子規）

海蔵寺（宝暦治水薩摩義士の墓所）

桑名市堤原、桑名駅東口より徒歩十分、宝暦三年（一七五三）、幕府は薩摩藩に木曾・長良・揖斐三大河川の治水工事を命じた。薩摩藩士約一〇〇〇人が工事に着手、約二年を要して総延長一〇〇キロに及ぶ堤防を築く工事は完了したが、当初予算二万両に対し二七万両余を要する難工事だった。

工事中の病死者三三名、自殺者五一名をかぞえたが、ここ海蔵寺には工事総責任者として切腹した薩摩藩家老平田靱負以下二一名の墓碑があり、市指定史跡となっている。当時の文書には、切腹したことを幕府にはばかり「腰の物にて怪我致し、相果て候」となっている。

照源寺（歴代藩主一族の墓所）

桑名市東方一三五〇。JR・近鉄桑名駅西口徒歩十分。浄土宗鎮西派、本尊は阿弥陀如来、境内は老松におおわれ、創建時からの古い山門がある。門前には「史蹟松平定綱及び一統之墓所」の標柱があり、県史跡となっている。

本堂の奥の石段を上った小高い場所が、藩主松平家の霊廟となっている。寛永元年（一六二四）藩主松平定勝が逝去し、その子定行が菩提を弔うために創建した。藩祖定綱（定勝三男）夫妻以下、歴代藩主一族及び殉死者など二七基が並んでいる。この中には寛永の改革を行った松平定信の遺髪を納めた墓もある。当寺には、他に禁門の変の戦死者須藤勝治の墓や、戊辰戦争の戦死者を祀った戊辰殉難招魂碑などもある。

大塚本陣（現船津屋）と『歌行灯』石碑

東海道桑名宿には、天保十四年（一八四三）に本陣二軒（東船場町大塚与六郎、川口町丹羽善九右衛門）、脇本陣四軒（東船場町福島屋、江戸町肥前屋、江戸町駿河屋、川口町彦四郎）があった。一般の旅客用の宿屋は一二〇軒もあり、熱田に次いで全国で二番目の多さだった。

大塚本陣はもっとも大きく、建坪約二二一坪（約七三〇平方メートル）、立派な門構えと玄関があり格式の高さを誇っており、裏側は揖斐川に面した船着場となっていた。

明治になってからは一般旅館「船津屋」として営業し、戦火にも焼けずに現在まで桑名第一級の旅館として、多くの賓客を迎えてきた。

『歌行灯』の石碑

明治の終わり頃、文豪泉鏡花（一八七三～一九三九）が桑名を訪れ、船津屋に泊まり、ここを舞台にした作品『歌行灯』を明治四十三年（一九一〇）に発表した。が、文中では船津屋は湊屋となっている。『歌行灯』は『高野聖』と並び鏡花の代表作といわれている。

のちに昭和十四年（一

九三九）、鏡花の許しをえて『歌行灯』を戯曲化した久保田万太郎（一八八九～一九六三）も、この年に船津屋に宿泊した。完成した原稿を番町の鏡花宅に持参したが、それをみた鏡花は安心したのか、その後暑気あたりとなり、翌九月残暑の強い午後に亡くなった。

翌十五年七月、新派が明治座で上演し、たちまち大当たりとなり、のち映画化もされた。これを機会に同年夏、万太郎は再度桑名を訪問し、船津屋に宿泊した。

そのとき作った俳句が、現在の船津屋の表塀「歌行灯」句碑として建っている。

かわをそに　火をぬすまれて　あけやすき　万

なお、名作『歌行灯』は二度映画化されている。最初は昭和十八年（一九四三）東宝、成瀬巳喜男監督、花柳章太郎、山田五十鈴主演。桑名でもロケが行われ、当時の船津屋や桑名の風景が映像に残っているが、その風景もすべて戦災で失われてしまった。残念ながら現在の船津屋は戦後再建されたものである。

二度目の映画化は昭和三十五年（一九六〇）大映、衣笠貞之助監督、市川雷蔵、山本富士子主演、こちらはカラー版で華やかな作品だった。

十念寺（森陳明墓所）

桑名市伝馬町五三、JR・近鉄線桑名駅東口より徒歩十五分。浄土宗鎮西派の古刹、山号仏光山九品院と称す。本尊は阿弥陀如来、僧行基の開基と伝わる。もとは別の場所（現桑名城跡）にあったが、本多忠勝による「慶長の町割り」の時に現在地へ移された。毎年十一月二十三日には七福神祭りが行われている。

森陳明の墓

同寺には西側道路をはさんだ墓地に、戊辰戦争抗戦派の責任をとり切腹した、桑名藩士森弥一左衛門陳明の墓碑があり、毎年十一月十三日の命日には子孫はじめ関係者が集まり、法要が営まれている。また戊辰戦争で戦死した谷三十郎、鳥飼次郎の墓や、箱館新選組に入隊した成瀬杢右衛門の墓などがある。平成十年（一九九八）十月三日、第七回戊辰東軍殉難者慰霊祭が盛大に開催された。

第五章 苦難の時代(一) 京都所司代

若き藩主定敬は京都所司代に就任、時代は正に風雲急を告げる……。

①最後の藩主・松平定敬

安政六年（一八五九）、藩主定猷が急死し、急ぎ美濃高須藩松平義建の八男銈之助（十三歳、のち定敬）を養子に迎えた。定敬は若き将軍家茂の信任を得、また桑名最後の藩主として幕末多難な運命に立ち向かう。

美濃高須藩より桑名藩へ養子入り

安政六年（一八五九）八月、先代藩主猷が江戸で急死した。まだ二十六歳の若さであり、桑名藩は大騒動になった。急いで跡継ぎを決めなければ、お家断絶になるが、嫡子万之助はまだ三歳の幼児である。

幕末多事な折から幼児では到底無理であり、急いで美濃高須藩（現岐阜県海部町高須、桑名城から北へ一七キロ）藩主松平義建の八男銈之助を、初姫の婿養子に迎えることにした。

同年十月、銈之助は高須藩江戸屋敷から桑名藩江戸屋敷に移り、松平定《さだ》敬《あき》と名乗り、一躍、桑名藩十一万石の第十三代藩主となり、十六日幕府から正式に遺領相続を許可された。十二月一日、江戸城にて将軍家茂に拝

高須松平家四兄弟。左から定敬、容保、茂徳、慶勝（原版・徳川林政史研究所蔵）

謁、白書院諸大夫に任じられ、越中守となった。定敬十三歳、初姫はまだ二歳半だった。

高須松平家の祖は、尾張徳川家第二代光友《みつとも》の次男義行《よしゆき》であり、母は三代将軍徳川家光の娘千代姫である。高須藩の禄高は三万石とはいえ、御三家筆頭の尾張徳川家の分家として家格は高く、従四位下少将で摂津守、江戸城大広間詰であった。しかも、常に宗藩である尾張藩を支える重大な使命があった。

高須十代藩主義建《よしたつ》は子福者で一〇男九女に恵まれたが、そのうち四男八女は早世した。しかし、残った男子六名は有力大名に望まれて養子入りし、あるいは高須家を継ぎ、すべて大名となった。残った一女幸姫は米沢藩主上杉家へ嫁いだ。すなわち、次男慶勝《よしかつ》は尾張徳川家（六十一万九千石）第十四代藩主、三男武成《たけしげ》は石見浜田藩（六万一千石）第七代藩主、五男義比《よしちか》は高須藩第十一代藩主から尾張藩第十五代藩主（茂徳《もちなが》）、七男容保《かたもり》は会津藩（二十八万石）第九代藩主、そして八男定敬が桑名藩主である。

定敬は領国桑名の経営よりも幕府の任務が多く、そのまま江戸藩邸に滞在し、桑名に初めて入城したのは三年後のことになる。定敬の立ち居振舞いが都会的でスマートに感じられるのは、十六歳まで育った江戸の影響が大きいようである。

万延元年（一八六〇）には京都蓮台寺境内の桑名藩陣屋が完成、先代猷の頃より引き続き京都警備にあたる。同じくこの年には、溜間詰、侍従を仰せつけられた。同年三月三日、「桜田門外の変」で幕府大老井伊直弼《いいなおすけ》が暗殺され、幕府の権威は失墜する。西国では倒幕の気運が高まり、翌年より定敬は幕末の激動に巻き込まれ、より多事多忙となっていく。

文久二年（一八六二）七月、定敬は初めて本国桑名に入り、桑名城内で家臣に初のお目見得をした。またこの年から参勤交代が緩和（出費を攘夷の武力充実に回すため）され、藩主の妻子は国元に帰ることが許された。十月には、前藩主猷の正室珠光院（信州松代藩、真田幸良の女貞子）と娘の初姫、高姫も桑名へと移り住んだ。珠光院は聡明かつ毅然とした女性で、のち桑名開城にあたり存在感を示すことになる。

将軍家茂の信任

第十四代将軍徳川家茂《いえもち》は弘化三年（一八四六）生まれ、奇しくも定敬と同い年だった。安政五年（一八五九）十月、十三歳で将軍に就任したが、政局は困難を極めていた。開国を迫る列強の圧力と朝廷の攘夷運動は幕府を窮地においこんでいた。大老井伊直弼により孝明天皇の妹和宮の関東降嫁が計画され、家茂と結婚することにより公武合体をはかり、政局を乗りきろうとした。その後もたびたび上洛するなどしたが、激変する政局に翻弄され、慶応二年（一八六六）七月、大坂城で病没した。まだ二十一歳の若さだった。和宮も同い年だったが、剃髪して静寛院と号し、家茂の菩提を弔った。

将軍家茂と定敬が初のお目見得をしたのは、先述のとおり安政六年十二月、お互いにまだ十三歳の少年だった。同い年の気安さもあり、特に家茂は定敬に親近感を持ったようで、なにかと越中守の名を口にした。

事態はいよいよ風雲急を告げる。文久三年（一八六三）二月、将軍家茂が「公武一如」を図り、三代将軍家光以来二百四十年振りの上洛となり、定敬はそれより早く京都に着き、桑名藩は二条城の警備についた。三月、さらに伊勢神宮の警備を命じられ、一旦桑名に戻ったが、五月、再度上洛し、六月には衣冠束帯にて孝明天皇に拝謁した。秋には家茂も定敬も江戸に戻っていた。

同年十一月五日夜、またも江戸城本丸、西之丸が出火炎上した。八丁堀藩邸にいた小姓立見鑑三郎（尚文、のち陸軍大将）は烈しい半鐘の音に飛び起きると、身軽に火の見櫓に登った。

「出火は本丸に相違なし」と、定敬に報告する。定敬は直ちにに鑑三郎以下、二、三騎の供廻りを従えて、登城一番乗りをし、将軍家茂の下に駆けつけた。

「おお、越中守か、大層早かったな」と、家茂は大いに喜んだという。

この出来事もあって、定敬は将軍家茂の覚えさらに目出度く、これが翌年の京都所司代拝命の遠因につながるから、歴史は皮肉である。

②京都所司代就任

元治元年（一八六四）、定敬は京都所司代の大任を拝命した。
ここに実兄の会津藩主松平容保（京都守護職）との強力な会桑兄弟コンビが誕生した。
風雲急を告げ、就任早々次々と困難な大事件が生起し、定敬は困難に直面する。

溜間詰・異例の拝命

元治元年（一八六四）四月十一日、桑名藩主松平定敬は京都所司代の大任を拝命した。この日、先に上洛した二条城の家茂から直々に命じられた。

すでに先月内示があったが、そのとき定敬は、

「容易ならざる事態に加うるに、なお若年非才にして到底微臣の及ぶ所にあらず」（『自歴譜』）と固辞した。

しかし、老中板倉勝静《いたくらかつきよ》（備中松山藩主、五万石）、水野忠精《みずのただきよ》（山形藩主、五万石）らの説得が続き、政事総裁職・松平春嶽《まつだいらしゅんごく》（前福井藩主）も乗り出してきた。決め手は実兄の京都守護職松平容保《まつだいらかたもり》（会津藩主、二十八万石）の要請だった。病弱の容保は連日の激務とあいまって、この頃は歩行もままならぬ状態だっ

た。

十二歳年上の兄、容保の憔悴した姿を目前にし、定敬は断ることができなかった。この時定敬は弱冠十八歳だった（実兄というが、実際は腹違いの兄）。「徳川三百年の恩顧に報い、藩祖定綱公以来の尊皇精神を貫いて、王事に尽くすこの時なり」と、藩の命運を賭けたこの大任を、決然として引き受けた。ここに、守護職・容保と所司代・定敬の兄弟コンビが誕生し、歴史の表舞台に登場した。京都の治安回復と王城守護のため定敬は兄容保を助け、形影相寄り添うように行動を共にする。しかし、時勢は我に利あらず、幕府の権威失墜と共に、薩長を中心とする西国討幕諸藩の策謀に巻き込まれ、大政奉還、鳥羽伏見の戦いに敗れるや、一転して朝敵賊軍の汚名を被るという過酷な運命が待ちうけていた。

所司代の役目を一言でいえば、「京都の治安維持と宮廷の守護」である。さらに詳しくいえば、天皇を守護しつつ公家の行動を監視し、朝廷と幕府の交渉に当たると共に宮廷の諸儀式にも参列する。さらに西国三十三カ国の諸大名を監督、指揮するという重職である。

当初は町方及び寺社の公事一切、訴訟・裁判から、火付け盗賊の逮捕までも行ったが、寛文五年（一六六五）、京都町奉行が置かれてからは、これを支配下に置き、これら民政は町奉行に譲った。所司代はその役料二万石、官位は侍従、配下には家臣の他に与力五〇騎、同心一〇〇人、さらに地組と称する抱え足軽一〇

京都二条城

○人がついた。

それでは、なぜ桑名藩が所司代に推挙されたのだろうか。

その理由はいろいろあるが、前任の稲葉正邦《いなばまさくに》（淀藩藩主、十万石）が就任わずか十カ月で老中に転任し、あとの人選が難航した。緊迫する情勢下、わざわざ火中の栗を拾うような、損な役目を喜んで引き受ける藩などないのは当然で、要するに他に適当な藩がなかったのである。

桑名藩士加太邦憲《かぶとくにのり》は次のように説明する（『桑名所司代中の事情』）。

一　桑名松平（久松）家は御家門中もっとも徳川宗家に近い。

二　老中松平定信（楽翁）は天明八年（一七八八）御所炎上の際、その造営責任者となり、見事完成。光格天皇より宸翰《しんかん》★を賜った。

三　白河時代より隣国会津藩とは親しく、この時の藩主容保と定敬は兄弟。

四　先述した文久三年十一月、江戸城本丸炎上の際、定敬は真っ先に駆けつけ将軍家茂の信任が厚い。

五　桑名は地理的に東海道の要衝、かつ京都に近く、援兵を送るに便利。

さらに会津藩家老山川大蔵は次のように述べている（『京都守護職始末』）。

「桑名藩は、定敬朝臣の高祖父の定信朝臣（楽翁）以来の樸実の風をついで、文教、武備を兼ね整え、親藩中で有数の雄藩とされていた。（中略）定敬朝臣は

▼宸翰
天皇自筆の手紙。

すでに溜間詰であるから、その人を所司代にするのは不当の感がないでもなかったが、非常の場合、この雄藩を事に当たらしめざるを得なかったのである。それにわが公（容保）と同胞の間柄であることも、いっそう便宜であるので、強いてその職につかせることにした」

所司代は通常、江戸城帝鑑間または雁間詰の譜代大名から選ばれることになっていた。定敬はすでにその上の溜間詰《たまりのまつめ》の大名であり、これでは逆に格下げの任命になるわけだが、それを承知の異例の苦しい処置だった。

「桜田門外の変」以来、幕府三百年の屋台は一挙に崩壊、尊皇攘夷か開国か、さらに討幕の嵐が全国を吹き荒れていた。京都には尊攘の志士と称する浮浪人や脱藩者が数百人集まり、天誅と称して連日連夜の暗殺、テロが繰り返された。

文久二年（一八六二）、同三年は、後世〝京都幕末暗殺年〟といわれるほどに凄まじいものだった。これら暗殺集団のなかでももっとも有名なのは、「人斬り三人男」、土佐の岡田以蔵、薩摩の田中新兵衛、肥後の河上彦斎《げんさい》だった。

この現状を打開し、京都の治安を回復すべく、文久二年暮れ、新設の京都守護職に松平容保が着任、翌年春に配下の新選組が誕生した。さらに元治元年（一八六四）三月、一橋慶喜《ひとつばしよしのぶ》が禁裏守衛総督となり、四月七日、容保が守護職再任、十一日、定敬が所司代に就任し兄弟の強力コンビが誕生した。当時の落首を一句。

所司代屋敷跡（竹屋町通り）

京都にも是を桑名と越中を　はづしてしめる蛤の味

池田屋事件

元治元年（一八六四）六月五日（新暦七月八日）、風もなく蒸し暑い夜、幕末の京洛を騒がせた池田屋事件は起こった。祇園祭の宵山を翌日にひかえ、お祭り気分も最高に盛り上がったその夜、会津守護職、桑名所司代と新選組は、祇園会所に集合し、一斉に出動する手筈だった。

しかし、約束の五ツ時（夜九時半頃）を一時間過ぎても守護職、所司代の兵は姿を見せない。しびれを切らした局長近藤勇は、時機を失するを恐れて新選組を率いて出動した。

新選組を二手に分けて、一方は近藤自身数名を率い、他方は副長土方歳三が約二〇名を率いて三条木屋町方面の探索に向かった。そして三条小橋近くの旅宿池田屋とその周辺で新選組対尊攘浪士の死闘が展開された。

さらに、遅れて駆けつけた守護職、所司代や応援の諸藩の兵も加わり、浪士の捕縛や探索は明け方に及び、その後も厳しい残党狩りが数日続けられた。

発端は前年六月、いわゆる「八・一八の政変」にて京都から退去を命じられた長州藩は、留守居役その他若干の姓名を届け出た者のみが滞京を許された。しかし、それを無視した長州人が多数潜入し、過激な尊攘浪士と交わり、不穏な情勢となっていた。

この日早朝、かねて探索中の新選組が木屋町通りの薪炭商・桝屋喜右衛門こと古高俊太郎を捕らえた。桝屋を捜索したところ、多数の武器弾薬が押収された。壬生屯所に連行された古高は、厳しい拷問に耐え切れず自白した。

その内容は、風の強い日を選び御所に放火し、長州追い落としの主役、中川宮と守護職容保が急ぎ参内するのを途中で襲撃し、できれば天皇を奪取し、長州にご動座たてまつる、という物騒なものだった。

実は当日、池田屋（三条通河原東、居酒屋）だとは明確にわからなかった。新選組は三条付近の旅宿を中心に御用改めを実施し、局長近藤以下が池田屋に到着したのは夜十一時過ぎだった。

このとき、池田屋に会合していた浪士の数は二七、八名。彼らは古高が捕縛され、その善後策を相談していたとも、古高奪回を目論んでいたともいわれる。浪士も激しく抵抗し、凄惨な戦闘は一時間余続いたが、土方隊が到着すると捕縛に重点が置かれた。

結局、池田屋では、七名斬殺、八名逮捕、その他は逃亡した。その後守護職、所司代や彦根、淀藩などの援兵が到着し、大捕り物となった。結果、この夜池田

池田屋事変跡（三条通り河原町）

屋周辺で捕殺された浪士は、死亡一五名、逮捕一八名に及んだ。新選組は三名死亡、二名負傷。長州の桂小五郎は危うく虎口を脱した。一度池田屋を訪れたが同志の数が少なかったので、再訪するべく外出し難を逃れた。さすがは逃げの小五郎である。

所司代桑名藩に通報があったのは、すでに五日の夕方だった。大急ぎで準備を整え、約二〇〇名が二隊に分かれて出動した。桑名藩士加太邦憲の記録によれば、

「桑名藩の出しました人数は凡そ二百人で、番頭松平左二郎と云う者がその隊長でありました。其時の扮装は籠手臑当、金（鉄）鉢巻、手槍という有様で、夜五ツ半時（九時過ぎ）所司代屋敷を繰出し木屋町方面にむかいました」

またこれとは別に、中川、山階両宮の警護に会桑（会津・桑名）それぞれ三〇名を出しており、さらに御所の警備にも人数を出した。このとき桑名藩の合い言葉は「峰」と「鷹」だが、鷹ガ峰に陣屋があったので、これの借用だろう。

会津、桑名藩は大部隊の完全装備に手間取り出動が遅れ、池田屋事件は新選組の手柄となった。それでも桑名藩は三名の浪士を捕らえたが、藩士本間久太夫（次横目、十三石三人扶持）、藤崎猪右衛門（同心小頭、八石三人扶持）の二名が闘死した。

二人とも忍び廻り（探索）という役目で、単独行動で木屋町に先行していた。

三条小橋

本間久太夫は五十九歳という老齢で、十四歳の次男に槍を持たせて警戒していた。突然、浪士に襲われ、一人に深手を与えたが、別の一人に槍で胸を突かれた。その賊は次男が必死に槍で突きかかると逃亡した。藤崎猪右衛門は市中で倒れているところを発見され、まだ息はあったが、休息所の御所八幡に運び込まれた後に絶命した。久太夫は桑名萱町法盛寺に合葬墓があり、猪右衛門の墓は桑名本願寺町円通寺に現存する。

池田屋事件では浪士の密謀が事前に発覚、多数が捕殺されたために、明治維新が一年遅れたというのが通説である。池田屋の一報を聞き、翌月長州兵が大挙上京し、無謀にも御所突入をはかり「禁門の変」が生起する。さらに朝敵となった長州に対する追討ちの征討が開始され、結局これが失敗、幕府の命取りになったことを考えれば、逆に明治維新が一年以上早まったと考えていいのではないか。

藤崎猪右衛門の墓（円通寺）

禁門の変（蛤御門の戦い）

禁門の変（甲子の戦乱ともいう）、または蛤御門の戦いは一風変わった戦いだった。蛤御門というのは俗名で、正しくは新在家御門というが、もともとは開かずの門だったが、京都の大火の際だけ開けられたので、「焼けて口あく蛤御門」と呼ばれるようになった。桑名の焼き蛤とは、まったく関係がない。

現在は烏丸通りに面して西向きに建っているが、当時は現在地より東へ一〇〇メートルほど寄った場所に、西向きに建っていた。禁門の変でもっとも激戦が展開された場所で、門扉には現在も当時の弾痕が残っている。

元治元年（一八六四）、長州の猛将木島又兵衛は強大な軍勢を率いて上京し、その軍事力を背景にして朝廷に嘆願し、失地回復を図ろうとした。これに同調し、浪士を率いて参加したのが久留米の神官真木和泉《まきいずみ》だった。さらに藩主の世子★毛利定広も上京を決意するに至った。

この緊迫した情況下の六月十二日、池田屋事件で長州系浪士が多数捕殺されたとの報が届くや、直ちに出兵を開始する。福原越後《ふくはらえちご》、益田右衛門介、国司信濃《くにししなの》の三家老率いる軍勢約三〇〇〇は、六月中旬から七月初旬にかけて東上、山崎、伏見、嵯峨に陣を敷き警備の幕府軍と対峙した。福原隊には松下村塾の英才、久坂《くさか》義助《ぎすけ》、入江九一《いりえくいち》、寺島忠三郎らも加わっていた。

一橋慶喜はあくまで事態を平穏に解決しようとしたが、優柔不断で、大目付永井主水正らを使者にたて、京洛からの退去を命じるだけだった。それでも、事態を憂慮した守護職、所司代からの要請で、御所九門はじめ周辺警備の手配をするよう各藩に命じた。

この間長州勢は退去せず、嘆願を繰り返すのみだった。長州系公家は嘆願を聞き入れようと策謀し、一橋会桑以外の出動他藩の多くは日和見だった。薩摩藩を

▼世子　跡継ぎ。

御所・蛤御門（弾痕が残っている）

指揮する西郷吉之助（隆盛）の腹は、あくまで長州と会津の私闘という形にし、傍観して漁夫の利を得ようというものだった。

猛暑の中の対峙一カ月、遂に七月十九日早朝、戦端は開かれた。長州藩の当初の目的は三条実美以下五卿及び藩主の赦免だったが、国司信濃の発した軍令は、いつしか「敵は守護職松平肥後守（容保）のみ」と変わっていた。

重い病を押して参内していた容保の宿舎、御所凝花洞への突入を図り、蛤御門を中心に各所で激戦が展開された。会津・桑名藩を中核にした幕府連合軍の圧倒的兵力により、戦いは一日足らずで決着がつき長州軍は敗走する。

木島又兵衛は銃弾にあたり戦死、久坂と寺島は鷹司邸で自刃、脱出を図った入江も槍で突かれて自刃。真木和泉も同志一六人と共に天王山に逃れたが、追撃してきた会桑兵、新選組に包囲され自刃した。長州兵は二六〇名以上が戦死したが、捕虜がそれ以上あった。長州勢の猛攻をまともに受け接戦激闘、必死に戦った会津藩は約六〇名が戦死した。

桑名藩も赤松茂（御番入、三人扶持、二十九歳、桑名寿量寺に墓）、須藤勝治（十石二人扶持、二十一歳、桑名照源寺に墓）、伊藤

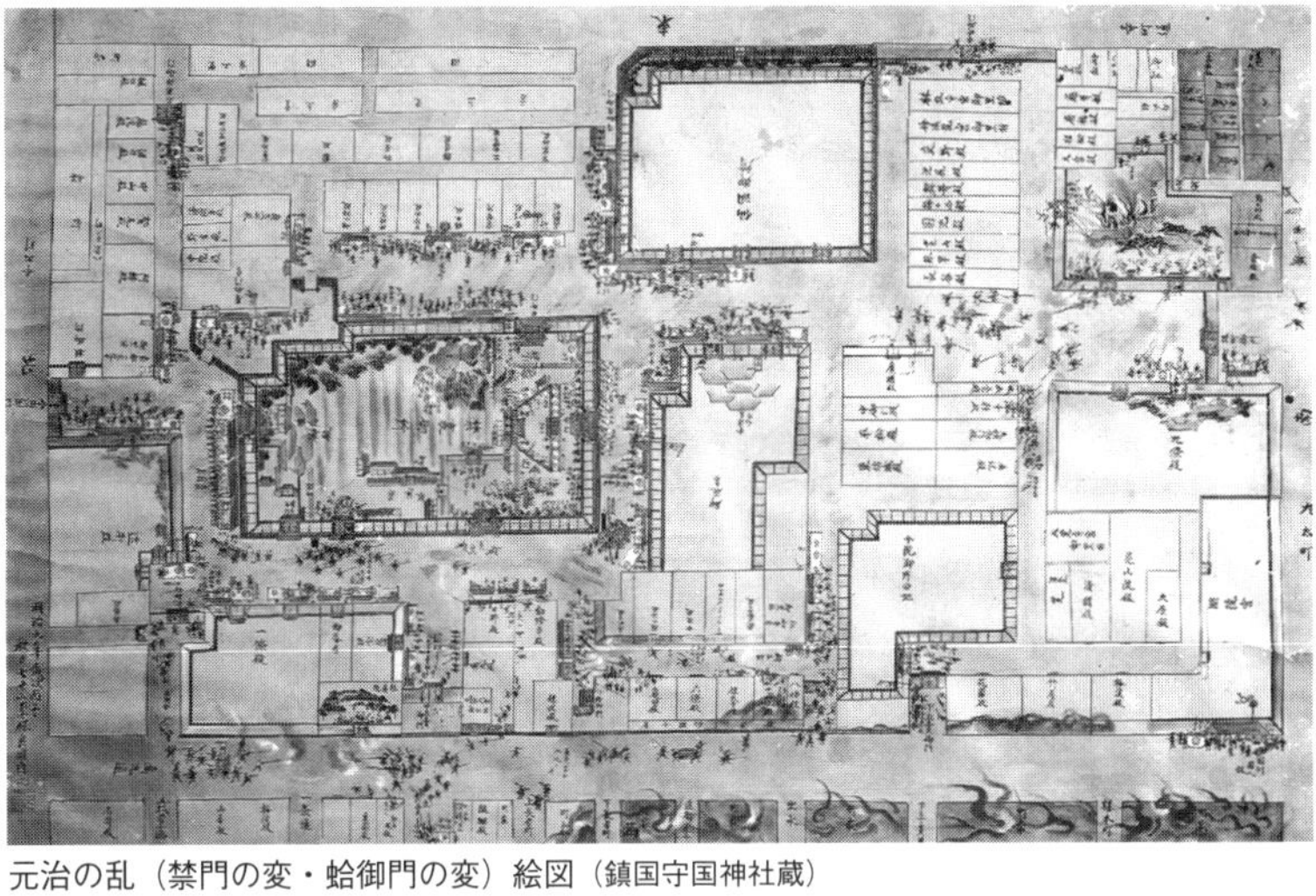

元治の乱（禁門の変・蛤御門の変）絵図（鎮国守国神社蔵）

繁（三十一歳、桑名十念寺に墓？）の三名の藩士が堺町御門内で戦死。大平九左衛門はじめ八名の負傷者があった。戦果は大小砲で撃ち留めた者もあるが乱戦中のため不詳とし、確実な討ち取りは一七名、生捕り四名、他に大砲小銃刀槍などの分捕り品が多数あった。

赤松茂は桑名藩士河合源五右衛門（馬廻り、五十石）の次男、赤松家を継ぐ。父が新陰流の師範だったことから、茂も幼少より新陰流を学び、長じてから刻苦自ら資金を作り上京、新陰流大野義章の門に入り剣技を磨いた。

禁門の変では堺町御門内において、敵陣深く斬り込み奮闘したが、ついに敵兵の狙撃により倒れた。携えたその愛刀は鋸歯のようであったというが、出陣の際すでに死を決し、辞世を所持していたという。赤松茂の辞世。

生まれ出て君と親との為ならば　命を捨てて名こそ残らん

戦いのようすを要約すれば、「蛤御門付近から御所に乱入した長州勢の猛攻により会津、桑名勢が崩れかけたとき、西郷の指揮する薩摩勢が乾門から救援に駆けつけ、長州勢を打ち破ったのである」というのが、従来の歴史書の通説になっている。が、はたして事実はどうであったのか。

桑名側の資料からもう少し詳しく検証してみよう。桑名藩士加太邦憲の談話、

須藤勝治の墓（照源寺）

同じく家老服部伊賀の書簡、隊長松平左二郎の「戦況報告書」などから再現する。
蛤御門を守備する会津藩は、敵は当然門外から攻めてくると考え、大砲二門を門外に引き出して備えをしていた。ところが、木島指揮する長州軍は、蛤御門とその南側下立売門の中間、公家八条邸裏の柵を壊して禁裏内に侵入してきた（一部の長州兵は、長州派公家の石山邸に前夜から潜伏していた）。

そして左に折れて北上、一気に蛤御門の会津勢に殺到した。不意をうたれた会津兵は一旦は崩れて死傷者多数を出したが、態勢を立て直し必死に防戦した。このとき西方の御台所門を警備していた桑名隊は、急を聞くや鉄砲頭長《なが》尾《お》諌見《かんけん》率いる一隊と砲一門を応援に出した。

この大砲は最初の一発で長州兵数名を吹っ飛ばしたが、二発目で早くも車台が破損し使用不能になった。ここで会津は乾門の薩摩へ応援を要請するが、持ち場を離れられないと断られた。

さらに大白兵戦が展開されたが、やがて長州の大将木島又兵衛が銃弾に倒れると（現在案内板あり）、長兵は潰走し一部は元の石山邸に逃げ込んだ。ここが最大の激戦地であり、桑名藩士二名が負傷した。

やや遅れて中立売門へ向かった長州国司隊は、守備の筑前福岡兵を打ち破って御所へと突入、御台所門へと迫ってきた。ここの警備は桑名藩で、頑強に守備した。突破できないとみるや、やがて長州兵は南の公卿門（唐門）に向かった。ここでも桑名兵三名が負傷した。

また一部の長州兵は烏丸邸、日野邸を通過して公卿門を守る会津兵に撃ちかけた。守兵は主戦場蛤御門のほうへ行き手薄になった公卿門が危うし、と見た桑名の松平左二郎隊が援護射撃をした。自慢の車台付き百匁筒（小型の大砲、松平定信が考案）を五台並べて連続発射し、日野邸から出てきた賊兵を射すくめた

会津藩もこれに力を得て、小銃の一斉射撃で防戦した。長州兵はそれ以上進むことができず、数名の死体を残して元の日野邸へ逃げ込んだ。会桑兵で長州兵を撃退した、ちょうどその時、北の乾門のほうから薩摩兵が大砲四門を引っ張ってくるや突如、味方の会桑兵めがけて砲撃を開始した。

松平左二郎の報告書によれば、

「其内に敵も引き退き候、然る處北の方、味方より頻《しきり》に砲発の玉（弾）参り候故、会津藩手旗と当手御紋付の御旗とを相振り見せ候處、味方と相心得候哉、砲発も止み穏かに相成り候（砲発せしは薩兵なり）」

長州兵を会桑兵のみで追い払った後に、薩兵が大砲を撃ち出し、会桑兵が味方識別のために旗を振って合図し、ようやく砲撃を止《や》めたという。まったく薩摩らしい乱暴なやり方である。

ここまで「洞ケ峠」を決め込んでいた薩摩藩は、長州兵が敗走に移るや、すかさず駆けつけて、やみくもに大砲をぶっ放し、のちに苦戦中の会桑兵を救援し、

賊を追い払ったのは薩摩であると、事実を歪曲してしまった。明治以後の歴史は薩長史観といわれ、すべて勝者の歴史であり、都合の悪いことはすべて闇に葬るか、または書き替えられている。

一方、竹田街道銭取橋を守備して長州福原越後隊と対峙していた、桑名の井上八郎右衛門隊はどうしたか。九条河原には他に会津、新選組、大垣兵などが布陣していた。進撃してきた福原隊は小競り合いの末、越後が顔面に銃創を負い、これを切っ掛けに総崩れとなり、そのまま大坂方面まで敗走した。

長州三隊のうち、遅れて最後に到着した真木和泉隊の浪士数百人は、山崎から京へ入り、東の堺町御門に向かった。ここは越前兵が頑強に守備しており、突破できない。右へ迂回し鷹司邸へ入り、ここから禁裏内への侵入を図った。

桑名隊は兵頭八右衛門隊が会津と共に応援に駆けつけ、士分槍隊は銃を持たず傍観したが、足軽銃隊は西北の千草、五条邸から銃撃を続けた。大垣、彦根兵も駆けつけ鷹司邸を包囲した。やがて会津藩自慢の巨砲、十五ドエム砲（口径十五センチ）で鷹司邸の塀を砲撃破壊した。ここから長州兵が突出し白兵戦を展開したが、これを追って会桑兵は邸内に躍り込んだ。やがて長州兵は鷹司邸に放火し、逃げ去った。

もはやこれまでと、敵将久坂や入江はここで自決し、真木は残兵と共に裏門から脱出したが天王山で自刃。この日、桑名藩士の赤松、伊藤、須藤三名が戦死し

堺町御門

たのも、この最後の戦いであった。さらに三名の負傷者を出した。

戦いは早朝から始まり昼過ぎには鎮静したが、京の都は天明の大火以来の猛火に包まれた。これが有名なドンドン焼け（大砲の音に由来）である。

「午の刻（午後零時）には鷹司殿、九条殿大焼。それよりは寺町、西は烏丸まで総一面火事に相成り、十九日夜残らず粟田、鹿ヶ谷まで大焼。市内二万八千戸、二十一日朝ようやく鎮火」（『官武通記』）と、二昼夜に渡る大火だった。

禁門の変後、定敬は一橋総督より感状を受け、さらに朝廷より賞詞があった。

松平越中守

此度長藩ノ士暴挙に及び候処　速ニ出張遂防戦候段達御聴　叡感不斜　依之

一　移《うつし》　鞍《ぐら》★　壹　具

右賜り候事

子九月九日

さらに定敬は十月、宮中に参内し孝明天皇に拝謁し、天盃と花鳥手鑑を賜った。これまでの京都警備の功により、格別の叡慮をもって「左近衛権中将」に任ずるとの宣旨を受けたが、祖先の官位に超越するということで、これは固辞した（翌慶応元年十二月、改めてこれを受けることになる）。

松平越中守

このたび長州藩士が、乱暴な行いに及んだが、素早く出張しこれを防戦した事は天皇にもお達しになった。天皇は大いに感心された。よってここに

一　移　鞍　一具

を賜った。

▼移鞍
行幸などの際、殿上人、随身などの乗る馬につける装飾のある鞍。

また幕府よりも定敬に賞詞と賞金二〇〇〇両（池田屋事件の時は七〇〇〇両）が下されたので、藩内の賞罰を行い、賞金の分配を行った。また戦死者の法要を行い、戦功のあった六人の物頭に感状を与え、功績のあった藩士に賞詞、特に敵を討ち取った藩士には、戦国時代のように加増が行われている。

長州征討（第一次）

禁門の変で長州兵が京坂から一掃されると、幕府は朝廷に働きかけ次々と手をうった。幕府は勅命により毛利慶親《よしちか》父子の官位を剥奪し、松平の称号と将軍家慶（第十二代）の慶の一字も奪った。これにより、慶親は敬親《たかちか》と称した。

朝廷はさらに素早く七月二十三日、長州追討の勅令をだした。

「（前略）みずから兵端を開き、禁闕に対して発砲し候条、その罪軽からず。加うるに父子黒印の軍令状を国司信濃に授けし由、全く軍謀顕然に候。かたがた長防へ押し寄せ追討これあるべきこと」

続いて、長州藩と密かに通じて策謀した公家の処分が行われた。有栖川宮父子以下、鷹司、日野、烏丸、勧修寺など十余人の参朝を停止、面会及び他行を禁じた。

しかし、ここに大きな問題があった。それは征長軍総督に誰を任命するかである。朝廷の意向は慶喜を総督に、容保を副総督に内定したが、関東（幕府内部）の意向は別人を要望したので、この案は採用にならなかった。さらに、容保の病状は重く、この大任を受けることは、到底無理だった。

親藩中で頼りにすべきは御三家筆頭尾張で、前藩主の徳川慶勝《よしかつ》に白羽の矢が立ったが、藩論定まらずとて、即答もせず上京もしなかった。次に候補に上がったのは前福井藩主松平慶永《よしなが》（春嶽《しゅんがく》）だが「識見はあるが決断力に乏しい人物」（『京都守護職始末』）である。案の定、瘧《おこり》のため難儀して行けないと丁重に断ってきた。

同年八月十三日、幕府は薩摩、肥後、久留米、土佐、彦根など三十余藩に命じて征長の部署を決めた。総督には徳川慶勝を再度任命し、副総督は福井藩主松平茂昭《もちあき》を任命した。ところが慶勝は任命後一カ月経過しても、一向に腰をあげようとはしない。

しびれをきらした容保と定敬は九月末、使者を送って督促した。実弟たちの頼みには動かざるを得ない。これで慶勝は渋々行動を開始し、十月四日上洛した。ようやく、事態は動いた。十四日大坂にて征長軍は四方面の部署を決め、二十二日大坂城にて軍議を開き、十一月十一日までに防長国境に兵を集結、十八日を総攻撃とした。なおこの征長軍に会津、桑名は出兵していない。慶喜と共に京都の留守を守ることになった。

幕府は征討通告の使者として、大目付永井主水正《もんどのしょう》と目付戸川鉡三郎《はんざぶろう》を長州に派遣した。両名とも配下の士が少ないので、随行の護衛として桑名藩士を要請した。藩では両名にそれぞれ練達の士各一二名を選抜し、同行させることにした。永井組にはリーダー格として立見鑑三郎（御小姓、二十一歳）も参加している。

戸川組は十月十四日、永井組は十七日出京し、二十九日、大坂にて誓詞血判し総督慶勝と共に出陣した。征討使一行は途中警戒しながら、初冬の山陽道を西へと向かった。途中出足の悪い西国諸藩の出陣を督促しながら進み、それでもなんとか予定の十一月十四日、広島城下に到着した。

長州藩は当初強気だったが、一転、恭順謝罪し事態は収拾に向かった。禁門の変の責任者として、国司、福原、益田三家老の首級を持参した。かくて、長州征討は戦わずして決着したかに見えた。が、これは表面だけで心底から幕府に屈伏したわけではない。防長二州国境に押し寄せた幕府連合軍総数一五万、今すぐに戦うのは玉砕するのみ、恭順は戦力、武備が整うまでの時間稼ぎだった。

総督徳川慶勝は十八日、三家老の首を検分し、長州藩主父子の自筆服罪書の提出、三条実美等五卿の他藩移動、萩・山口城の取り壊しを命じた。が、それを見届けもせず、翌月全軍に撤兵令を出し、総督をはじめ全軍兵を引き上げた。

これはあまりにも軽率な撤退命令だった。案の上、火種を完全に消火しなかった長州藩の倒幕の火は、その後たちまち燃え上がり、わずか半年後再び幕府は第二次長州征討を開始せざるを得なかった。

事実、長州の奔馬といわれた高杉晋作は、早くも十二月十五日功山寺挙兵を行い、三田尻の軍艦三隻を奪い馬関（現下関）を席巻し、翌年正月初めには奇兵隊など草莽諸隊を率い、萩に向かって進撃を開始していた。

征討使を護衛した桑名藩士も引き上げたが、立見鑑三郎は大目付永井主水正の勧めで九州長崎まで出張視察をしている。立見を残置諜者として残し、長州藩の不穏な動静を探索するのが目的だったという。立見の帰京後の報告を聞いた主水正や容保、定敬らは、容易ならざる長州藩の動きに警戒の念を強めた。

天狗党西上

元治元年（一八六四）十一月、幕府の長州征討連合軍が西へ向かっていた頃、その間隙をついて今度は関東に重大事が巻き起こった。この年三月、筑波山に挙兵した水戸天狗党は、その後勢力を拡大しつつ十月末には那珂湊に集結していたが、十一月初め、突如、西上を開始した。武田耕雲斎《たけだこううんさい》、山国兵部《やまぐにひょうぶ》、藤田小四郎らに率いられた総勢千余名の天狗党は、大砲九門を牽引し完全武装で、中山道を猛進していた。

追討令の出ている沿道諸藩の警備を突破して進撃し、十一月十六日、上州下仁田で守備の高崎藩兵を蹴散らした。高崎藩は三六名戦死、天狗側はわずか四名戦死だった。さらに二十日、信州和田峠で松本、高島藩兵を撃破し、伊那飯田を経由して十二月一日濃州揖斐《いび》へと到着した。が、その行く手を大垣、彦根藩兵の大軍にさえぎられ、雪の山中を北上し越前大野へと向かった。

そもそも天狗党とは何か、なぜ挙兵しどこへ行こうとしたのか。常陸水戸藩(三十五万石)は尾張、紀州と並び徳川御三家の一つである。水戸藩主徳川斉昭《なりあき》は保守門閥派を抑え、下級武士を中心とする改革派を登用し、藩政を一新しようとした。この改革派の中心人物が藤田東湖であり、挙兵した藤田小四郎はその四男だった。東湖の「水戸学」に洗脳された斉昭は、全国に先駆けて尊皇攘夷論の中心となった。

排斥された保守門閥派は台頭する改革派を「天狗党」、すなわち、天狗のように鼻を高くして威張る成り上がり者と蔑称し憎悪した。改革派は門閥派を「奸党」と呼んで軽蔑し、両派の憎しみは増大し、遂には斬って斬られての惨劇が果てしなく続いていく。幕末の重大な時期に水戸藩は攘夷をやるでもなく、そのエネルギーを陰惨な内部抗争に終始する。

斉昭没後の第十代藩主慶篤《よしあつ》は凡庸で無定見、ただ内紛を傍観するだけだった。藩校弘道館の学生(諸生)らは、天狗党の行動は斉昭の遺訓に反すると、彼らを激しく非難した。諸生党の中心は市川三左衛門、朝比奈弥太郎ら佐幕派の重臣たちで、その勢力はたちまち七〇〇名にふくれ上がった。諸生党は幕府に天狗党追討

水戸弘道館

を要請し、幕府は若年寄田沼意尊《おきたか》を追討総督に起用し、関東諸藩に追討を命じた。

その間、共に決起の密約があった長州藩は暴走し、禁門の変で敗走して、天狗党は孤立無援で幕府の追討を受け、窮地に追い込まれた。天狗党は座して死を待つよりはと、活路を求めて西へ向かった。京都の一橋慶喜に真情を訴えようとした。慶喜は斉昭の七男であり、主筋の身内であった。

また慶喜がこれを拒否した場合、かつての密約のとおり、山陰道から鳥取を経由して、長駆長州に入ろうとした。他に選択肢はなく、悲壮な覚悟で西上を開始したのであった。

慶喜は苦しい立場に置かれた。十一月晦日、朝廷より慶喜に対し天狗党討伐令がでた。慶喜は急ぎ討伐軍を編制し、京都の後事を会津、桑名両藩主に託して、十二月三日追討に出発し、両藩主は草津まで見送りに出た。

この時の陣立ては先鋒水戸、二陣加賀、左備え松江、右備え桑名、中陣慶喜、後陣会津だった（陣立ては毎日変わった）。桑名藩は番頭久徳小兵衛《きゅうとくこへい》、松平左二郎が各々一隊、各一〇〇名を率いて慶喜と共に出陣し、十三日越前敦賀まで進出した。一方、桑名本国でも応援を出すことになり、急いで物頭宮崎伝兵衛が一隊約一〇〇人を率いて出発した。宮崎隊も十三日には敦賀に入り、久徳・松平本隊と合流している。

追討軍は、三日出発時には天狗党は東海道筋へくると思われたが、その後北陸道に進路を変更したので、七日坂本泊まりから、今津、海津と琵琶湖西岸の西近江街道を北上し十三日敦賀へ入っている。慶喜は坂本に本陣を構えた。

十六日には北陸道舞浜に進出、翌朝葉原《はんばら》宿に於て開戦予定と知らされ、桑名隊に緊張が走った。十七日朝五時、桑名三隊は戦闘準備をして出陣、まだ薄暗く寒気は肌を刺す。重い甲冑に大砲四門を引き、雪道に足を取られながら、攻撃開始の午前八時には、なんとか葉原手前二キロの獺河内《うそこうち》まで進出した。

この先葉原までの山道は先行の加賀、小田原兵が充満し、三番手の桑名兵は進めない。が、間一髪、流血は避けられた。加賀藩使者の永原甚七郎の交渉に天狗党は降伏した。天狗党は妻子を伴った者もおり、これ以上の進撃は不可能と判断したが、なによりも彼らが頼りにした慶喜が、追討総督として出陣した事実を知り、戦意を喪失したのだった。

降伏した天狗党八二三名は、加賀藩が受け取り二十三日までに敦賀へ護送した。翌日解兵命令が出て「勝手次第出立」ということで、海津にいた慶喜は早々と帰京の途についた。桑名隊も二十五日、敦賀を引き払い無事帰京、帰国の途についた。

その後の天狗党の悲惨な末路にも簡単にふれておく。翌年正月末、幕府総督田沼意尊が上京、慶喜より天狗党を引き渡されるや、人とも思えぬ残忍な報復処置に出る。彼らを敦賀の船町の鰊蔵一六棟に幽閉する。極寒の中、日も当たらぬ狭い鰊蔵（一部現存）に一棟五〇人当て詰め込んだ。食事は一日二回、焼き飯一個、しかも土間の中央に両便用の四斗樽が置いてあった。

形だけの取り調べの後、二月四日より処刑が始まった。耕雲斎以下三五三名が斬罪、以下は流罪、追放などで、病死も二四名。耕雲斉の辞世。

咲く梅の　風にむなしく散るとても
　香りは君が　袖にうつらむ

太刀取り★は最初福井、小浜藩に命ぜられたが、この役目は牢番で士分の役目ではないと断ると、代わりに名乗り出たのが彦根だった。彦根藩には四年前江戸桜田門で、藩主の井伊大老を水戸の浪士に暗殺された深い恨みがあった。遺恨を晴らすはこの時と「進んで応じた」（「水戸藩資料」）という。

水戸藩が幕末、内部抗争に終始し、貴重な人材とエネルギーをなぜ浪費したのか。独特な尊皇の藩風、「水戸ッぽ」といわれる特異な士風もあるが、最大の原因はなにも手を打たなかった藩主徳川慶篤の、恐るべき無定見、無責任に帰すると思われる。

次のような鋭い狂歌がある（『魚水実録』）。

徳川慶篤

▼太刀取り
切腹の介錯人。

水戸もない　親と弟に知恵とられ
　　分別なしの　よほど甚六

念のためにいえば、親は斉昭、弟は慶喜、甚六は慶篤のことである。

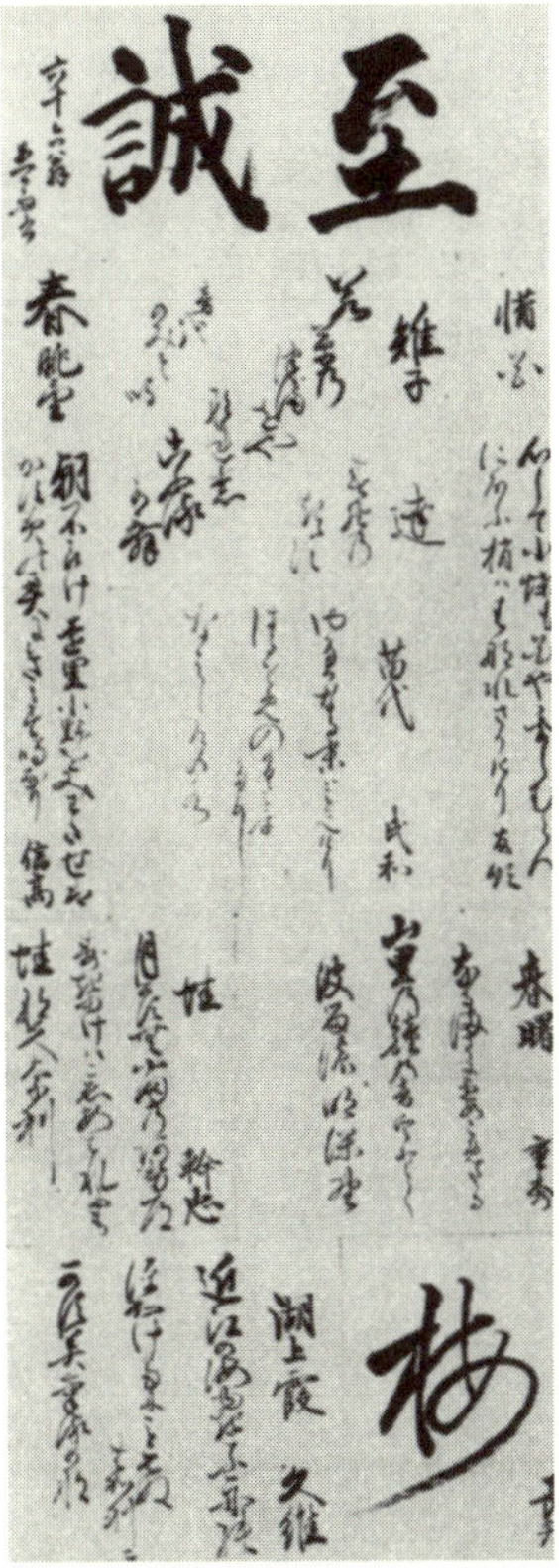

天狗党浪士寄書
（茨城県立歴史館蔵）

③

王政復古

時勢は我に利あらず、
藩主定敬はじめ桑名藩士の奮闘の甲斐もなく、徳川幕府三百年の屋台骨は崩れ去ろうとしていた。
薩長を中心とする倒幕勢力の策謀により、大政奉還、王政復古の大号令が発せられた。

大政奉還

多事多難な元治元年は暮れ、元治二年（一八六五）一月、長州征討は中途半端にもかかわらず、幕府は中止し征討軍は引き上げた。三月早くも長州藩は高杉晋作らが実権を握り倒幕に藩論を統一し、土佐藩浪士坂本龍馬の斡旋で武器購入するなど、武備充実を図った。

慶応元年十一月幕府は第二次長州征討を発令、翌年夏より三二藩が従軍した（前回より三藩少ない）が、薩摩藩は従軍を断った。今回は尾張の徳川慶勝も総督を辞退し代わりに紀州和歌山藩主徳川茂承を任命した。戦意の乏しい幕府軍は長防国境で連戦連敗し、征討は中止せざるを得なくなった。今回も桑名藩は会津と共に京都の留守を守ったが、立見鑑三郎以下数名が戦況視察に出張している。

慶応二年一月には、京都薩摩藩邸において長州桂小五郎、薩摩西郷隆盛が薩長同盟の密約を結んだ。七月、長州征討を指揮していた将軍家茂が大坂城で病没、翌八月、一橋慶喜が徳川第十五代将軍となった。

そして十二月二十五日、突然、孝明天皇が崩御された（公家岩倉具視の毒殺説大）。親幕派で容保や定敬の信任厚かった天皇が亡くなったことは、同時に強力な後ろ楯を失ったことになり、これ以後幕府は崩壊の速度を速めていく。

慶応三年（一八六七）十月、土佐藩から政務を朝廷に返還し、将軍は新政府の一員として参画してはどうかとの提案があった。将軍慶喜はこれを認め、十三日在京の諸藩主を集めて、政権返上の意志を伝えた。慶喜は政権を手放すことで討幕派の論拠をなくし、その後、改めて徳川家中心の新国家建設を見据え

大政奉還の図（右上の二人、奥が容保、手前が定敬。聖徳記念絵画館蔵）

た起死回生の策である。

しかし、薩長を中心とする討幕勢力はさらに巧緻だった。慶喜の先手をうって、あくまで武力討伐を決議し、同じく十三日、朝廷より「討幕の密勅」（偽勅）を入手し準備していたのである。最後の幕切れの攻防は続いた。

翌十月十四日、小御所会議が開かれたが、岩倉具視と薩摩の大久保利通が中心になり、慶喜は呼ばれず、容保・定敬もいない、欠席裁判だった。「大政奉還」は認められ、将軍、関白、摂政も廃止された。天皇の下で、公家、諸藩の大名、藩士による新政権樹立が宣言された。

あくまで王政の徹底を図る岩倉らと、幕府を擁護する土佐藩主山内容堂《やまのうちようどう》との激論が交わされたのもこの時である。岩倉はさらに慶喜の「辞官・納地」を迫ったが、これは慶喜の内大臣の辞任と領地の返還、すなわち徳川氏の一大名への格下げということである。これには慶喜も猶予を願い即答はしなかったが、岩倉側はこれを拒めばあくまで武力討伐すると強気の姿勢だった。

十二月九日、「王政復古」の大号令が出された。これにより慶長八年（一六〇三）以来二百六十五年間続いた幕府は廃止され、同時に京都守護職、京都所司代も廃止となった。薩長の横暴に怒った会桑兵、新選組らは二条城に集まり「討薩」の声があふれ、今にも武力衝突が起こりそうな気配となった。

十二日、慶喜の命により容保、定敬らは二条城を出て、大坂城に向かった。慶喜は事態を鎮静化させようと図ったが、大坂城内はさらに紛糾した。慶喜はあくまで朝命に服し、薩長の挑発にのらず不戦の姿勢を貫こうとした。

ところが、二十八日、事態を一変させる急報が大坂城にもたらされた。さる二十五日、江戸三田「薩摩藩邸焼討ち事件」の速報である。かねて不逞浪士が多数集結、市中を騒乱させていたが、市中取り締まりの庄内藩が遂に焼き払ったのである。

鳥羽伏見の戦い

江戸ではかねてより薩摩藩西郷隆盛の命により、益満《ますみつ》休《きゅう》之助《のすけ》らが小島四郎（相楽《さがら》総三《そうぞう》）らと共に浪士を多数集め、江戸城二之丸に放火するなど火付け、盗賊などの後方攪乱を行っていた。その拠点が薩摩藩邸だったので、十二月二十五日、大目付の命により庄内、上山、岩槻、鯖江の四藩が出動、浪士引渡しを要求、拒否されるや包囲攻撃を開始した。結果、二百余名の浪士が捕殺された。

二十八日、この一報が海路急行した大目付滝川具挙《たきがわともたか》の一行より大坂城にもたらされるや、たちまち、大坂城の幕府軍は主戦論に沸き返った。君側の奸、薩摩を討つべし、「討薩表」をかかげて再度上洛の動きとなった。

慶応四年一月一日、定敬は桑名の番頭を呼び集め、翌二日、慶喜再上洛に際し、会津、桑名は先供を命じられ、会津は伏見街道より、桑名は鳥羽街道より京都に進撃することを告げた。

幕府軍の総計は一万五〇〇〇、対する倒幕側は薩摩軍三〇〇〇と長州、土佐その他で計五〇〇〇、数の上では幕府軍は絶対有利だった。

二日、幕府軍は大坂城を発し、その夜は守口に宿泊した。進撃する鳥羽街道の総指揮は幕府若年寄竹中丹後守、桑名藩は服部半蔵率いる四中隊（約四〇〇名）と井上八郎右衛門、松平左二郎の砲隊と砲六門が参加した。

桑名藩は事態が急を告げた前年十月、兵制改革を行い近代的洋式の銃砲隊に改めた。四個大隊・九中隊・一八小隊が編成されたが、大隊頭などは旧態の老職が務めているために鳥羽・伏見戦では十分機能しなかった。この日は在京の四中隊が出陣し、別に本国より高木主鈴《しゅれい》の中隊が駆けつけたが、街道を封鎖され遠回りしたために、戦いには間に合わなかった。

三日、早朝出発し、枚方より船に乗り、夕方淀に到着した。その時すでに遅く、下鳥羽方面に砲声が轟いた。先行した幕兵が小枝橋で薩摩兵と通行の押し問答しているとき、薩摩軍の大砲が火を吐き戦端はひらかれた。

桑名隊は態勢を立て直し、前線に急行するが、引き上げて来る幕府兵で狭い鳥羽街道は大混乱だった。それでも桑名隊は下鳥羽に着陣するや、すぐさま大砲を連射して味方の退却を援護しつつ、そのまま対陣して夜となった。

鳥羽伏見の戦い（浅井コレクション蔵）

四日は早朝から銃砲戦が開始されたが、味方は地の利が悪く、浮き足だって夕刻淀まで引き上げた。伏見方面でも開戦したが、会津や新選組の勇戦も及ばず大敗し、同じく淀まで後退する。

「人数のみ充満し、陣を敷く場所も無く」(『桑名戦記』)という状態だった。さらに淀城(藩主・稲葉正邦)も藩主不在を理由に入城を拒否し、やむなく幕府軍は橋本まで退却する。五日には富の森、千両松付近で態勢を立て直し防戦したが、戦場に「錦旗」が出現し、これにより幕府軍は「賊軍」となり士気喪失した。

そして六日昼過ぎ、橋本、八幡の狭隘地で防戦する幕府軍の頭上に、突如、対岸山崎より砲弾が落下した。藤堂(津)藩の裏切りだった。

「豈図らんや、見方と頼みし藤堂の陣より激しく発砲す。関東勢大いに驚き、扨は藤堂裏切りせしと見ゆる」(『桑名戦記』)

ここで幕府軍は腹背に敵をうけ大混乱、総退却となり大坂城まで引き上げた。桑名隊はここでも殿軍となって、守口の守りについていた。が、深夜になって将軍慶喜は密かに大坂城を脱出し、幕艦開陽にて江戸への東帰を図った。突然、戦う味方幕府軍の兵を置去りに敵前逃亡をしたのである。しかも、中心戦力の会桑両藩主容保、定敬にも御供せよと命じたのだった。

翌七日朝になり、慶喜をはじめ藩主定敬もいないことを知って桑名藩士は驚いた。青天の霹靂、たちまち大坂城内は大混乱となる。藩士中村武夫によれば、

「皆はそれぞれこの大坂城を枕に討死する覚悟をした。が、将軍は舌の根もいまだ乾かぬうちに、人々にも告げず関東へ逃げ下りしは、如何なる事か。天魔の所為ともいうべきか」（『桑名戦記』）と、怒り呆れはてている。

豪勇の桑名藩士高野一郎左衛門（百五十石、のち上野戦争で戦死）は、「籠城し、西軍（薩長軍）を迎え撃って決戦すべし」と主張したが、なにしろ大将がいない。一度浮き足立っては止められない、たちまち全軍瓦解し撤退となった。唯一の脱出口、泉州路を紀州に向かって落ち武者となる。あっけない幕切れだった。負けるはずのない、幕府軍一万五〇〇〇が薩長軍五〇〇〇に敗れたのである。

この戦いで桑名藩の戦死者は三日に岩崎貞爾、面川修輔、山内金次郎、の三名。四日に新居良次郎、岡鉦左衛門、岡本蔵太、下田岩五郎、西野常蔵、富士田忠五郎、富士田領左衛門、渡辺多惣右衛門の八名、計一一名を数えた。いずれも戦い初期の下鳥羽の激戦にて倒れたものだった。

「ベラボウ薩賊！」新居良次郎の奮戦

四日の下鳥羽の激戦で敗退する幕府軍中でただ一人踏み止まった、若い桑名藩士がいた。「引いてはならぬ！」と繰り返し叫ぶと、薩摩軍の先頭兵、岩山佐平太を狙撃した。見事命中、岩山は額を撃ち抜かれて即死。

この情景を間近に目撃した薩摩藩士、上村彦之丞（のち海軍大将）の手記がある。

「『小癪な奴よ』と我々は鉄砲を打ちかけたが（略）命中しない。すると其の敵兵は恰もそれを嘲る如くニッと笑を洩らし、銃を投げ捨てて天地に轟く大音声で、『何！　ベラボウ薩賊、我は全（正）義の桑名なり、来て見れっ』と呼号した」（『桑名藩戊辰事蹟開城秘史』）

罵倒された薩摩軍からは坂本員介《いんすけ》（のち陸軍少将）が進み出た。数合斬り合ったが容易に勝負がつかず、薩摩軍の銃撃でどうと倒れた。それでもなお立ち上がり、坂本と格闘したが、遂に止めを刺され、坂本が首級を挙げた。

薩摩軍はこの勇敢な桑名藩士の遺体を改めたところ、加治新九郎と記した白練絹タスキと刀を所持していた。加治の遺体は他の薩摩軍戦死者と共に、丁重に京都相国寺に葬られたという。

ところが、十三年後真相が判明した。実はその勇者は加治新九郎ではなく、なんと同僚の桑名藩士新居良次郎（二十三歳）、だったのである。

一月二日、桑名隊に出陣命令が来たとき、加治新九郎は十六歳、御床几隊付属で大坂城にいた。新居良次郎は以前加治から借用した白タスキをかけ刀も借用（交換？）して出陣し、下鳥羽の戦いに参加、薩摩隼人をも感動させる壮烈な斬り死にをした、というのが真相だった。

鳥羽伏見の敗因は、新式武器装備の薩長と旧態の拙劣な指揮をした幕府軍の差が大きかった。またここでも「会桑と薩長の私闘」とみなし、戦意なく傍観する諸藩が多かったこと、薩長が藤堂藩を裏切りに誘導した政治工作などがあるが、もちろん将軍慶喜の敵前逃亡が主因ではある。

懸命に戦った桑名藩ではあったが、門閥中心の軍制は機能しなかった。

「我藩の隊長杯《ら》云う者も、尽く門地の輩にて、中々人数の指揮杯《ら》思いも寄らず。兵藤（八右衛門、家老、第一大隊長）は疾起れりとて戦に臨まず。久徳（隼人、家老、第二大隊長）は戦起るや否や、雲を霞と逃げたる如き人物故、諸軍引くを幸いに遠方迄逃げたるなり」（『桑名戦記』）。指揮する隊長がこれでは戦争には勝てない。

桑名人物伝②

数奇な人生を共に歩んだ桑名藩士

山脇正勝《やまわきまさかつ》と高木貞作《たかぎていさく》

山脇隼太郎正勝（一八四九～一九〇五）、高木剛次郎貞作（一八四八～一九三三）は共に桑名城下で生まれた仲の良い幼友達だった。立教館で学び、まもなく二人は藩主定敬の小姓に召し抱えられた。慶応四年（一八六八）、戊辰戦争時には定敬と共に江戸から海路、分領越後柏崎にお供した。この時、定敬二十二歳、正勝十九歳、貞作二十歳だった。

柏崎の藩論は家老吉村権左衛門やその一派により恭順一色、会津藩主の兄容保を助けて抗戦を決意する定敬にとっては、まさに獅子身中の虫であった。定敬は公用人山脇十左衛門（正勝の父、のち軍事奉行）を呼び内意を伝えた。

父から吉村誅殺の命を受けた正勝と貞作は、閏四月三日夜、陣屋近くの路上で要撃した。二人はその後、古屋作左衛門率いる衝鋒隊に加入し指図役として、北越を転戦する。その間、五月二十六日の大面の戦いでは薩摩兵三名を斬り伏せたが、正勝も左手小指を失った。

八月、二人は桑名隊に合流し、会津、寒河江と戦い庄内鶴岡で降伏し、大山で謹慎する。翌明治二年二月、藩主定敬のいる箱館への使者を命じられ、二人は僧侶に身を変えて仙台へ向かう。

四月ようやく、英国商船エレンバックに乗り込み箱館へ到着した。が、藩主定敬とはすれ違って逢うことができなかった。先着の桑名藩士十数名のいる新選組に入隊する。

五月十一日、新政府軍の箱館総攻撃が始まり弁天台場の新選組も奮戦するが、十五日、飲料水が尽きた台場は降伏する。その後、新選組は青森・弘前の各寺院で謹慎生活を送る。十月末海路東京送りとなり、十一月十一日旧藩引渡しとなった。仇討ちの遺風をさけて、二人は桑名へ帰る藩士と別れて、東京で謹慎を続けたが、翌明治三年一月赦免され、ほどなく渡米を決意する。

高木貞作が寄進した鳥居

二人は明治八年帰国するまで、士官学校で軍事を学び、のち商業学校で商法を学んだともいわれるが、詳しいことはわからない。その間、正勝は「真に学ぶべきは米国なり」と立見尚文に手紙を送っており、旧藩主定教（万之助）の米国留学を実現させたりしている。またこの頃、アメリカ留学中の岩崎弥之助（三菱の創業者・弥太郎の弟）とも出会ったようだ。

帰国後正勝は弥之助の知遇を得て三菱に入社、翻訳係から出発し、上海支社長、高島炭坑所長、初代長崎造船所長と出世した。「酒を飲んでも仕事はしろ」が口癖で、豪快な性格で上下にしたわれた。五十歳で引退し、明治三十八年、東京で波乱の人生を閉じた。享年五十七歳。墓は東京染井霊園。なおフードディレクターのバーバラ・寺岡女史は正勝の遠縁にあたる。

貞作は帰国後、森有礼らと共に、商法講習所（一橋大学の前身）の創立に参加、助教授となって商業簿記を講義。明治十一年には十五国立銀行（のち三井住友銀行）、同十五年には横浜正金銀行（のち東京三菱銀行)へうつり、ニューヨーク、神戸支店長をへて正勝と同じく明治三十一年引退、以後は悠々自適の生活で短歌の道にいそしんだ。大正十年(一九二一)、桑名の鎮国守国神社に、大きな石の鳥居を寄進、これは現存している。

昭和八年(一九三三)一月、東京玉川で大往生を遂げた。享年八十五歳。墓は桑名萱町法盛寺に合葬墓がある。

専修大学開校
駒《こま》井《い》重《しげ》格《ただ》

嘉永六年(一八五三)~明治三十四年(一九〇一)。桑名藩士駒井忠兵衛(半林、重周、長柄奉行、百三十石)の嫡男として桑名城下に誕生。幼名は為助、慶応三年(一八六七)父が中風症のため十四歳で家督を継ぎ、翌年の戊辰戦争では桑名神風隊に入り、北越を転戦した。庄内や桑名で恭順後、東京へ出て旧藩主松平定教と共に横浜ブランズ塾で勉学した。

明治七年十一月、定教のお供をしてアメリカへ渡り、二人はニュージャージー州ニューブランズウイック市の市立ラガース大学に入学、定教は理科を、重格は経済学を学んだ。定教は明治十一年、重格はその翌年帰国した。重格は留学中親交を結んだ田尻稲次郎と学校創立に奔走し、明治十三年九月、専修学校(現在の専修大学)を開校し、初代校主総代(校長)に就任した。

その後、大蔵省国債局勤務をへて岡山県商法学校長、再度大蔵省に戻り、明治二十九年には同省国債局長兼参事官になり、翌年農商務省参議官になっている。

明治三十二年、高等商業学校(現在の一橋大学)の校長に就任、前任者は教師、学生の排斥運動で退任し、校内は乱れていたが、重格は見事に立ち直らせ名校長といわれた。が、同三十四年十二月、急死した。享年四十八歳。墓は東京谷中墓地。重格は語学に堪能で経済関係の翻訳書、著作も多数あった。

重格の次男の重次は、第四高等学校(現金沢大学)在学中に有名な寮歌「北の都に秋たけて」を作詞しており、のち大蔵省勤務から衆議院議員になっている。

和算の大家
遠《えん》藤《どう》利《とし》貞《さだ》

天保十四年(一八四三)~大正四年(一九一五)。桑名藩下級武士堀尾利見の三男として江戸の八丁堀藩邸に生まれ、幼くして同藩士遠藤家へ養子入りした。

九歳の頃父から算術(和算)を学び、さらに長じると江戸京橋の細井若狭に算術を教わった。慶応四年(一八六八)五月、二十五歳の利貞は旧幕府軍の彰義隊と共に上野山の戦いに参加する。この時、江戸住みの桑名藩士五十数名は、公用人森陳明を隊長として戦い、高野一郎右衛門以下五名の戦死者と数名の負傷者をだしている。

彰義隊三〇〇〇名は西郷隆盛率いる新政府軍の圧倒的火力の前に、一日足らずで壊滅、厳しい残党狩りを逃れて利貞は江戸で半年ほど隠れたのち、桑名へ帰った。藩校で算術を教えたが、洋算が採用されるようになったので、明治五年(一八七二)再度上京して洋算を学んだ。

その後は、洋算の時代となったが、利貞は今のうちに和算の歴史を書き残そうと研究に励み、明治二十九年、ついに『大日本数学史』を出版した。その間、各地の学校(累計二四校に及ぶ)で数学教師を務めたが、三度の離婚など経済的、家庭的には恵まれなかった。胃癌のために逝去。享年七十二歳。墓は東京染井霊園。

第六章　苦難の時代（二）戊辰戦争

江戸―北越―会津―仙台、遂に箱館と藩主定敬の抗戦と流転は続く。

1

流転の藩主定敬

慶応四年（一八六八）一月、鳥羽伏見の戦いで敗れるや、一転、桑名藩は会津と共に朝敵賊軍とされた。藩主不在の桑名城は無血開城した。将軍慶喜は恭順し、定敬もやむなく江戸から分領柏崎へ向かった。

桑名開城、神前籤引き騒動

鳥羽伏見の戦いの第一報が正月気分の桑名城下に届いたのは、慶応四年（一八六八）一月八日朝のことだった。宇田熊太郎（同心）が大坂から早馬で駆けつけてきたが、五日までの戦況報告で、現在淀方面激戦中というものだった。続いて十日朝、衝撃的ニュースがもたらされた。筑摩市左衛門（横目）が七日夜出立し、早駆けしてきたもので、「上方の幕軍愈々大敗、中将様（藩主定敬）慶喜公の御供にて俄に乗艦東下の様子、御近習一人も御供せず。七日解兵散乱紀州落ちで脱出の模様」と報告した。たちまち城下は大混乱、大太鼓が打ち鳴らされ重臣及び上士は急ぎ登城し、今後の対策が評議された。藩主定敬が不在のため、代わりに先代猷の遺児万之助（十三歳）が上座についている。

この時、血気にはやる若者はじめ大勢は主戦論だった。「ここ桑名において開戦し、城を枕に討死にせん」との勇ましいものだったが、若年ながら沈着な家老酒井孫八郎（六百石、二十四歳）が、その無謀を押しとどめた。

事実、桑名は平城でまったく守りに適せず、武器弾薬の戦備も急場には間に合わない。しかも、城下に残る藩士は老幼が主体で精鋭は上方に出張っており、戦士は五〇〇に満たない。幕府兵は紀州路に落ちて救援はなく、孤立無援の戦いは犬死にに等しい。ではどうするか、主戦論はやがて、

「開城し、藩主定敬を追って江戸へ下向し、藩主と行動を共にし再起を図る」東下論が主流となった。

しかし、激論は止まず城内のあちこちでは、今にも斬り合いが始まりそうな雲行きだった。軍事奉行杉山弘枝（百八十石）が鋭く東下を主張。政事奉行山本主馬（百五十石）が、「桑名城は幕府より預かりしものゆえ、勝手に城を捨てては徳川家に申し開きが立たない」と反論する。

それに対し酒井孫八郎がいった。「城は引き受ける。敵迫れば割腹して徳川家に謝せん」。が、さらに議論は沸騰する。

七十歳を越える老臣吉村下記（八百石）などは、「無念なり」と声を上げて泣いたという。時代は変わっても、なにやら赤穂城断絶の一場面のようであった。

事態は急を告げている。小田原評定をしている場合ではない。それで最後の手

段として、藩祖の神前で神籤を引き、今後の方針を決定することにした。十日夕刻、孫八郎が籤引き役になり、斎戒沐浴して身を清め、藩祖を祀る鎮国守国神社に進み出た。

神籤は「守」と「開」の二種類で「守」は城を守って討死にする死守論。「開」は開城し、万之助のお供をして江戸に下向し、藩主定敬と共に再起を図る東下論だった。

全藩士の運命を担って孫八郎は籤を引いた。結果は「開」だった。孫八郎は城中に全家臣を集めて申し渡した。

「籤が開とでたる上は江戸に下り、徳川氏と進退を共にすべし。各々は江戸お供なさるか、またこの桑名に留まるか、何れも勝手たるべし」

ところが、その夜事態はまたも紛糾する。

下士のうちの主だった大塚九兵衛（勘定奉行、十八石三人扶持）、矢田半左衛門（勘定人、十石三人扶持）、松岡頓右衛門（御蔵奉行、十石三人扶持）らが、それまで評定に呼ばれなかったこともあり、その決定を不服とした。

彼らは全下級藩士を城下本統寺に集め、徹夜で議論した。そして神籤の結果を覆し、万之助を立てての恭順論を主張した。日頃何かと下士の意向が反映されない不満や、当時流行りの下剋上の雰囲気もあるが、なにより大きな現実的問題があった。

それは、東下も自活も進退自由といっても、お手当がまったく支給されないことだった。上士はともかく下士は家族と路頭に迷うしかない。

しかし、藩庫は積年の莫大な所司代経営の出費で空であり、そのことをよく知っていたのが大塚、松岡らの両奉行だった。

彼らは翌十一日朝、すでに隠居中の老臣赤松弾正、家老久松十郎右衛門らを説き伏せた。そしてその日の午後、再び評議が行われたが、それは珠光院《じゅこういん》（先代猷正室）を招いての御前会議であった。その結果珠光院の鶴の一声で前日の神籤の結果を覆し、万之助を立てての恭順に決定した。

藩士秋山五郎治（藩校教授、百石）の話によれば、

「（下士の）諸士東下然る可からず、宜敷く恭順すべしと、赤松、久松らの老臣を起こし、大に恭順論を主張せしを以て、遂に御前会議となり、茲に藩論始めて恭順と云う事に決定せり」（『魁堂雑記』巻十四）

しかし、混乱はすぐに収まらなかった。下士の指導よろしくないと詰問された、政事奉行の山本主馬、小森九郎右衛門（二百二十石）の両名は、責任をとり城内に於て割腹して果てた。さらに恭順に納得しない主戦派約三〇名は脱藩し、江戸へと向かった。彼らは藩主定敬と共に関東、北越、会津と転戦を続けることになる。

二十八日、東征軍総督橋本実梁《はしもとさねやな》、参謀木梨精一郎らは桑名へ入った。酒井孫八

郎、杉山弘枝が応接し、正午、本丸東南角櫓に火を付け、二一発の号砲を放ち桑名城は無血開城した。藩士一同各寺院に入って謹慎したが、翌明治二年八月、桑名藩は万之助（のち定教）を立てて六万石で存続を許された。

定敬分領・越後柏崎へ

慶応四年（一八六八）一月十二日、定敬は将軍慶喜、容保、老中板倉勝静らと共に江戸城に入り連日評議を行った。陸軍奉行小栗忠順《おぐりただまさ》、歩兵奉行大鳥圭介《おおとりけいすけ》らと積極的に主戦論を展開するが、城内は主戦派、恭順派、保身派入り乱れて収拾がつかなかった。

十五日、慶喜はもっとも強硬な主戦派の小栗忠順を罷免した。代わりに閑職にあった勝海舟が呼び出され、陸軍総裁の座についた。さらに優柔な大久保一翁《おおくぼいちおう》（会計総裁）とコンビをくみ、城内の空気は次第に恭順一色になっていった。

慶喜は何かに怯えるかのごとく、ひたすら恭順謝罪の姿勢を示した。これまで繰り返し、大坂の恥を濯ぎ、一戦して徳川家の威信を回復するべきと主張してきた容保、定敬の兄弟に対し、「今日の情勢に至ったのは、ひたすら会桑のセイである」と、自身の責任を回避し、二月十日、容保、定敬の登城禁止を言い渡した。

遂に京都にあって長年苦労を共にした、いわば身内ともいえる前将軍慶喜にも

柏崎での定敬（原版・柏崎市立図書館蔵）

「戊辰の役」桑名藩士行動略図

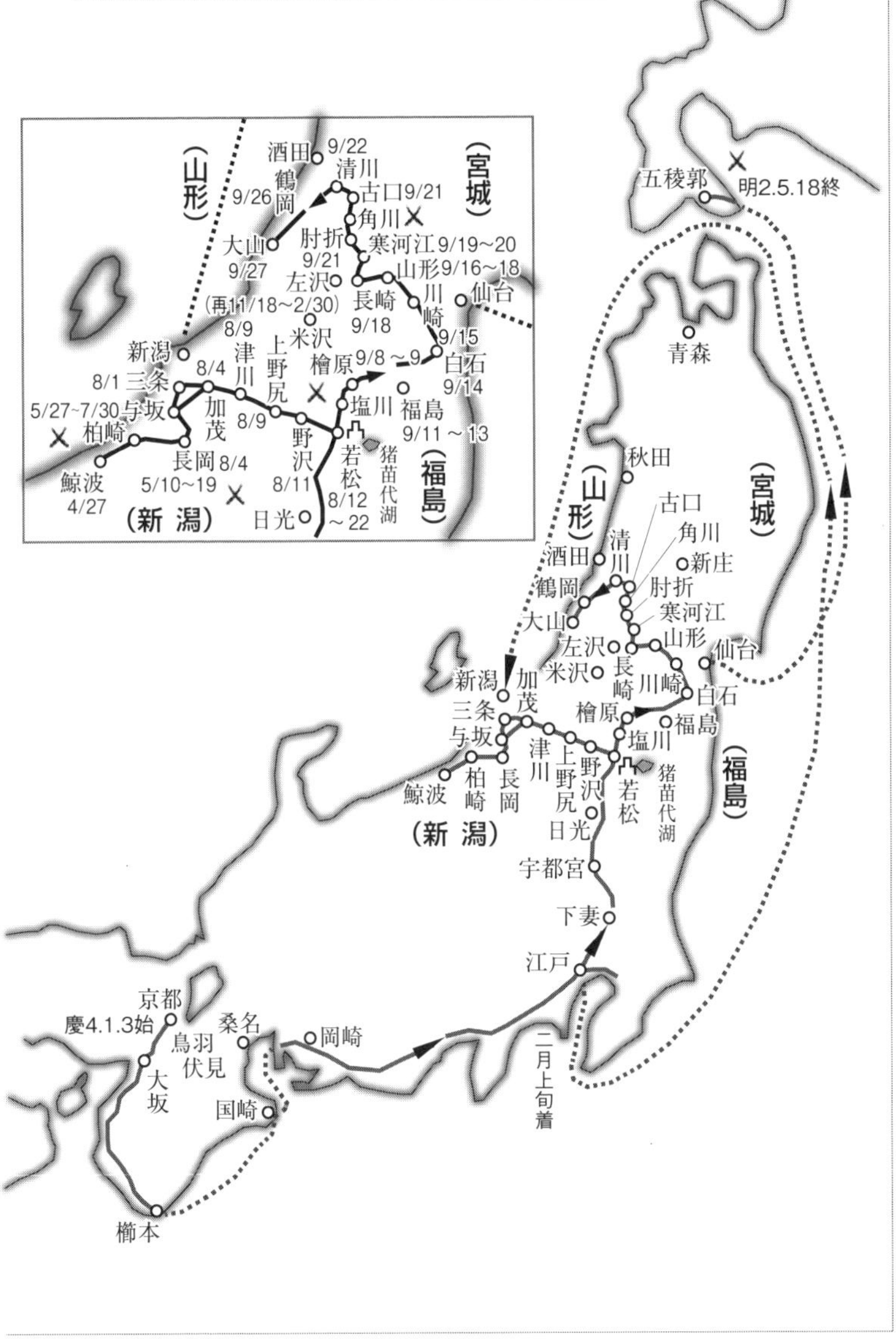

見捨てられたのである。十二日、慶喜は上野東叡山寛永寺に入り、髭も剃らずにただひたすら恭順する。同じく定敬も歴代藩主の菩提寺、深川霊岸寺に入った。

その頃、江戸には在府の藩士、大坂から長駆追求してきた者、桑名本国を出奔し駆けつけてきた者など、約四百名の藩士がいた。ここでもまた抗戦派、恭順派にわかれて激しく対立した。

両者の板挟みになり、進退に窮する藩士もいた。十八歳の岡本雅次は父平塚与市からの命で恭順した。が、藩邸で起居を共にする同僚から「卑怯未練者」と罵られ、思いあまって屠腹して果てた。

江戸には新政府軍が迫っており、容保は会津へ、同じく庄内藩主酒井忠篤も本国へ帰還の途についた。桑名藩は越後柏崎に約六万石の分領があり、陣屋がおかれていることは先述したが、この頃大久保一翁よりも、「恭順なさるなら江戸を離れ、どこか遠地で謹慎なさるがよかろう」と婉曲な江戸払いの内意があった。行き場のない定敬は、越後柏崎に出発せざるを得なくなるが、彼自身は兄容保を助けてあくまで抗戦の決意だった。

三月七日、定敬は藩士約一〇〇名と共に、長岡藩のチャーターしたプロシャ船に乗って江戸を離れた。箱館回りで二十三日、新潟へ着き、無事に陸路を柏崎に到着し大久保勝願寺へ入った。

またこの船には長岡藩家老河合《かわい》継之助《つぐのすけ》、会津藩家老梶原平馬《かじわらへいま》らも乗船しており、

霊岸寺（江東区白河町）

ひそかな会津―桑名―長岡の攻守同盟ができていたとの見方もある。江戸残留の藩士のうち、恭順派家老吉村権左衛門、服部半蔵、岡本藤馬らを中心に約一二〇名は、いくつかのグループに分かれて陸路柏崎に向かった。

鳥羽伏見から海路脱出してきた町田老之丞、立見鑑三郎（のち陸軍大将）の兄弟や、馬場三九郎、三木十左衛門ら主力抗戦派は約八〇名。彼らは藩主定敬を見送った後、藩邸を引き払い、三月九日、本所の大久保主膳正（元京都町奉行、陸軍奉行並、一万石）の屋敷に入った。「七連士官隊」と名乗り幕臣八田篤蔵の下で、市中取り締まりの任に当たった。が、その後、神田小川町の伝習隊屯所に移った。

抗戦派関東転戦・宇都宮城攻略

四月十二日、江戸城はついに無血開城となった。その前日、旧幕府脱走諸隊約二〇〇〇名は市川鴻之台に集結する。大鳥圭介を総督に前後軍に分かれ、前軍は小金口、後軍は小山口を進むと決定した。十三日進軍を開始、桑名士官隊は前軍に付属する。

前軍の隊長秋月登之助（本名江上太郎、会津藩士）、副長土方歳三、参謀立見鑑三郎、米沢昌平（会津藩）ときまり、編成は桑名士官隊、第一伝習隊、御料兵、

柏崎での定敬の御座所勝願寺（柏崎市大久保）

回天隊約一〇〇〇名だった。

十六日、下妻陣屋、十七日、下館城を落とし十九日、宇都宮城攻略に向かった。戸田忠友（七万一千石）の居城で関東七名城の一つであり、守備兵力約九〇〇人だった。平城で北西に堅固だが東南は堀も浅く構えが弱い、その脇の甘さを前軍は猛攻した。

先鋒は立見率いる桑名士官隊、土方率いる伝習《でんしゅう》半隊が続き、秋月率いる残り伝習半隊は中陣、回天隊は後陣である。桑名隊は鎮国大明神（藩祖定綱公）の「鎮」の一字を墨書した教導旗を翻して真っ先に進撃する。

桑名隊は一斉射撃の後白刃をかざして突進、これを繰り返し、敵は城内へ逃げ込む。城郭内に突入したが、戦いはますます激しく攻撃は停滞するが、土方が怖じ気づいた味方の兵士を斬り捨て、士気を鼓舞し城内は猛火につつまれる。

桑名隊は城内一番乗りを果たす。戦いは夕刻にようやく下火となり、城内の残兵は退路を開けておいた壬生方面へ続々脱出していった。この戦いの桑名藩戦死者は岩崎弥五郎、笹田銀次郎、高見民蔵、岡鉦三郎、小林権六郎、不破弾蔵の六士で、日光街道江戸寄りの大杉の根元にまとめて葬った。さらに二十二日、安塚の戦いで戦死した神山金次郎がここへ加わる。なお、彼ら七名の合葬墓は宇都宮市西原町の浄土宗光淋寺に現存する。

「この城攻めは我桑名一手を以て略し、勇戦奮闘諸人の目を驚かせし由にて、

戦死した桑名藩士六名の墓
（宇都宮市・光淋寺）

諸軍の敬戴大方ならず、我藩の武名始めて振い、稍《ようや》く大坂敗刃の辱めを清る事を得たり」(『桑名戦記』)と誇らしげに述べている。

二十三日、西軍(新政府軍)は宇都宮城を奪回すべく大挙襲来した。宇都宮兵を先鋒に、野津道貫《のづみちつら》(のち陸軍大将)を隊長とする薩摩、鳥取、土佐の連合軍である。午前中はなんとか防戦したが、やがて六道口も破られ土方、大鳥、秋月も負傷し、旧幕府軍はこの地を捨てて日光街道を今市方面に脱出した。

二十五日、全軍整列し日光東照宮に拝礼、一旦はここを死に場所と定めるが、宇都宮で救助された元老中板倉勝静が「徳川家の神域を血で汚してはいかん」と建言し、今市へ戻った。ここで全軍は会津若松を目指し引き上げることになる。桑名隊はここで、大鳥軍と分かれて定敬の待つ越後柏崎へと急行する。

② 北越戦争

一部の桑名藩士は藩主定敬と共に、会津を助けて徹底抗戦の決意をし、柏崎に集結、軍制を一新する。優勢な薩長軍を相手に北越、会津、寒河江と転戦するが、同年九月、庄内藩と共に降伏する。

立見鑑三郎と雷神隊誕生

柏崎の陣屋は東西百間（約一八〇メートル）、南北五〇間（約九〇メートル）、敷地五〇〇〇坪（約一六五平方メートル）、高い土塀を巡らし堅固な構えであり、約六〇名の藩士が常駐していた。

柏崎の藩論は恭順派が支配していた。その首魁は家老吉村権左衛門（在府、八百石、四十八歳）、先祖は初代藩主定綱が五千石で招いた、あの吉村又右衛門である。吉村は柏崎の藩論を恭順一色に塗り替えただけでなく、山脇十左衛門（公用人、百八十石、四十八歳）らの抗戦派を藩主定敬から遠ざけてしまった。

さらに、四月上旬、桑名より密使鈴木右衛門七、岩尾忠治の両名が来柏し、本国のようすを伝えた。これに我が意を得た吉村は、柏崎の全藩士を桑名へ連れ帰

立見尚文（鑑三郎・鎮国守国神社蔵）

り、恭順すると申し渡した。

ここで定敬は山脇を呼び、策略を立てた。一つは、関東を転戦している主戦派を、一刻も早く柏崎に呼び戻すこと。二つ目は獅子身中の虫、吉村をやむを得ず誅殺することだった。

閏四月三日夜、君公の御座所勝願寺より大久保陣屋への帰途、吉村権左衛門は山脇隼太郎（十左衛門息、二十歳）、高木貞作（二十二歳）の二人の御小姓に要撃された。吉村を斬った二人は、その夜柏崎を逐電し、古屋佐久左衛門の衝鋒隊に入り指揮役として活躍する。

九日夜に山脇よりの密書を受け取り柏崎に急行した、町田、立見の兄弟、馬場三九郎、松浦秀八、大平九左衛門、河合徳三郎の主戦派六名が到着。江戸一別以来の定敬と対面した。定敬は大いに喜んだ。これまで心細い思いであったが、百万の味方を得た思いである。一行をもてなし、機嫌よく関東転戦、特に宇都宮城攻略の話は身を乗り出して聞いた。「古より君臣水魚の思いとはこの時なるべし、先立つものは涙なり」（『老之丞手記』）。

十二日夜、残りの桑名隊が到着、翌日定敬に拝謁した。慣例を無視して舞台格の下士まで全員がお目通りを許され、さらに、この日、鳥羽伏見以来の戦死者の霊を弔う大法会が勝願寺で催された。ここに柏崎の藩論は徹底抗戦に一決する。

十四日、新軍制を定め、新しい隊の幹部は「入札」（投票）によって決定した。

立見尚文の書（桑名市博物館蔵）

桑名城本丸跡と戊辰忠魂碑

旧態の門閥禄高を廃し、あくまで能力人物本位の選出で、当時としては革新的なことである。その編成は次のようであった。

軍事奉行　山脇十左衛門　小寺新吾左衛門

《雷神隊》隊　長　立見鑑三郎
　副隊長　富永太兵衛
　以下七四名

《致人隊》隊　長　松浦秀八
　副隊長　馬場三九郎
　以下七一名

《神風隊》隊　長　町田老之丞
　副隊長　大平九左衛門
　以下六五名

《大砲隊》隊　長　梶川弥左衛門
　師範役　三木十左衛門　首藤金右衛門
　第一分隊司令官　坂勇右衛門
　第二分隊司令官　手島忠三郎
　以下四一名

柏崎陣屋跡

その他、御供方、軍事方、病院方、機械方が付属して総数約三六〇名。少数精鋭だが、北越戦争の中核とし長岡、会津、庄内と約半年戦いを続け、九月末鶴岡で降伏する。東軍（旧幕府軍）最強部隊として勇名を轟かせるが、その間約百名の戦死者とほぼ同数の負傷者を出す過酷な戦いが待っていた。

鯨波の戦い

戦雲は急を告げ、西軍（新政府軍）は続々と高田に集結中だった。閏四月十六日、定敬は服部半蔵らお供約五〇名と共に、後方の安全地帯、分領加茂に移動する。乗馬の好きな定敬のみは騎馬で颯爽と旅立った。途中、小千谷で一泊し翌日加茂に到着、大昌寺を仮本営とした。

東山道軍総督黒田了介（清隆、薩摩）、山県狂介（有朋、長州）は薩長兵の精鋭を率いて十九日、高田に到着し本営とした。さらに加賀、富山、高田兵なども合同し、ここで海道・山道軍と二手に分かれる。山道軍は軍監岩村精一郎（土佐）が兵二五〇〇を率い、魚沼郡から小千谷に向かう。海道軍は軍監三好軍太郎（長州）が、兵一五〇〇を率いて海沿いに柏崎から刈羽郡に向かう。

二十七日早朝、海道軍一〇〇〇は山県狂介自らこれを率い進撃を開始した。鯨《くじら》波《なみ》でこれを迎え討つのは桑名三隊のみ、応援の衝鋒半隊は山手の間道を守備していた。朝からの雨で桑名隊のヤーゲル銃の雷管が湿り、大部分は発砲不能となり、序盤は苦戦する。が、午後は桑名大砲隊の援護のもとに、立見鑑三郎と馬場三九郎が決死隊を率いて敵陣に斬り込んだ。この捨て身の反撃が功を奏し、敵は崩れ立ち、夕刻敵は深追いせず鯨波の部落を焼き払って引き上げ、桑名隊は勝利を得た。

鯨波の戦いによる桑名隊の戦死者は、駒木根元一、小出冬次郎、余語代吉、平野吉次郎、三宅厚の五名。負傷者が松浦秀八以下四名。一方西軍は戦死一二名、負傷者は四四名を数えた。この数字をみても西軍の敗北はあきらかだった。

「桑藩の精兵二百余人のみ、銃器もヤーゲルの拙銃あり、二つ三つバンドあり、止むを得ずして柏崎へ退きたりと云うも、能く寡をもって衆を破り其の全勝を得たる者とや云わん」（『桑名戦記』）

桑名隊は鯨波の戦いに勝利して柏崎へと引き上げた。が、その夜長岡方面の会津藩より注進が入った。

「敵山道軍により小千谷が失陥し、柏崎方面が突出しているので、少し後退しては如何」というもので、翌日、桑名隊はあわただしく柏崎を発し、妙法寺村へと退いた。この、西軍の進撃を阻止できる好地点の鯨波と兵糧の拠点柏崎を放棄することは、重大な戦略のミスだった。事実、立見鑑三郎も後年述懐している。

鯨波の古戦場

「桑名藩の兵が常に寡少の勢を以て、健闘善戦、多くの勝利を得たにもかかわらず、後退しなければならなかったのは、いつも友軍の敗報を聞き、敵に退路を断たれ糧道の継がざるを恐れた為であった」(『立見大将伝』)

妙法寺村超願寺などに滞在した桑名隊は、五月六日、柏崎から追撃してきた敵西軍を、赤田北方で迎撃した。立見の敵後方への迂回作戦が成功し、桑名隊は一兵も損せず、見事撃退した。その夜、またも会津藩から長岡に全軍集結せよの通達が届いた。

五月九日、長岡城下で東軍の軍議が開かれた。それまで、去就の定まらなかった長岡藩軍事総督、河井継之助が立ち上がったのである。この軍議には桑名、会津の佐川官兵衛、長岡藩は河井、衝鋒隊隊長古屋佐久左衛門なども出席し、戦略・部署を決めたが、ほとんど継之助の独壇場だった。

決戦・朝日山

五月十三日払暁、朝日山(古志郡川口町、標高三四一メートル)は濃霧に包まれていた。長岡戦争の天王山といわれた朝日山は浦柄谷をへだてて、信濃川を眼下に見下ろす好位置にあった。

この日、東山道軍仮参謀、長州の時山直八(松下村塾出身)は自慢の奇兵隊二〇〇人、薩摩兵一五〇人を指揮して、朝日山を攻略するべく前進を開始した。慎重居士の山県は増援がくるまで攻撃を待てと指示したが、時山は自信満々出発した。戦い慣れた奇兵隊は中腹を守備する会津隊を蹴散らし、山頂目指して突進した。薩長兵ともに新式後装銃を装備している。

山頂を守備するは立見鑑三郎指揮する雷神半隊と、長岡藩安田多膳の槍隊である。突如、奇兵隊が霧のなかから躍り出た。初陣の長岡兵は浮き足立った。全員銃を捨て得意の槍を持って、眼前の敵中に突入しようとした。

その時、立見が長岡勢を制し、胸壁上に立ち上がると大音声で叫んだ。

「敵十五、六人討ち取り、分取りなどは数知れず、もはや味方は十分の勝ちに候、今一息防戦されたし」（『河井継之助伝』）

これには歴戦の奇兵隊も意表をつかれて一瞬たじろいだ。この機に乗じて味方は一斉射撃し、奇兵隊を山から追い落とした。叱咤する時山直八は桑名の三木十左衛門の狙撃によって、あえなく戦死、大将を失っては完敗である。奇兵隊は死傷者三九名。右側面より攻め上った薩摩兵も死傷者一七名を出して敗走した。

遅れて増援を引き連れ朝日山に駆けつけた山県は、下山中の盟友時山の首級に取りすがり、痛恨の涙を流した。ここで山県の口吟した有名な一首がある。

あだ（賊）守る　砦のかがり影ふけて

朝日山古戦場碑（小千谷市）

朝日山の戦いにおける桑名雷神隊戦死者は、馬場清治（軍監助勤）、本田龍蔵、戸狩金吾の三名。負傷者は河合徳三郎以下五名。

のちに薩摩の猛将野津道貫大将をして「立見は東洋一の用兵家である」と絶賛せしむるが、その片鱗は、この一戦において、十分に発揮されたのであった。

夏も身にしむ　越の山風

容保・定敬涙の別れ

その後も桑名隊は北越の山野を四カ月間駆け巡り、我に数倍の敵西軍を相手に一歩も引き退くことをしなかった。北越戦争における東軍強者番付にて、「第一桑名、二に佐川（会津）、三に衝鋒隊」（『泣血録』）と巷間いわれるほど勇名を轟かせた。

北越戦争は慶応四年閏四月から八月迄の五カ月の長期に渡り、戊辰戦争においてもっとも熾烈かつ大規模な激戦であった。東軍（旧幕同盟軍）五〇〇〇名に対し、西軍（新政府軍）は当初二万名から最終的には四万名以上の兵士が、越後の山野を駆け回り、幾多の町や村を戦

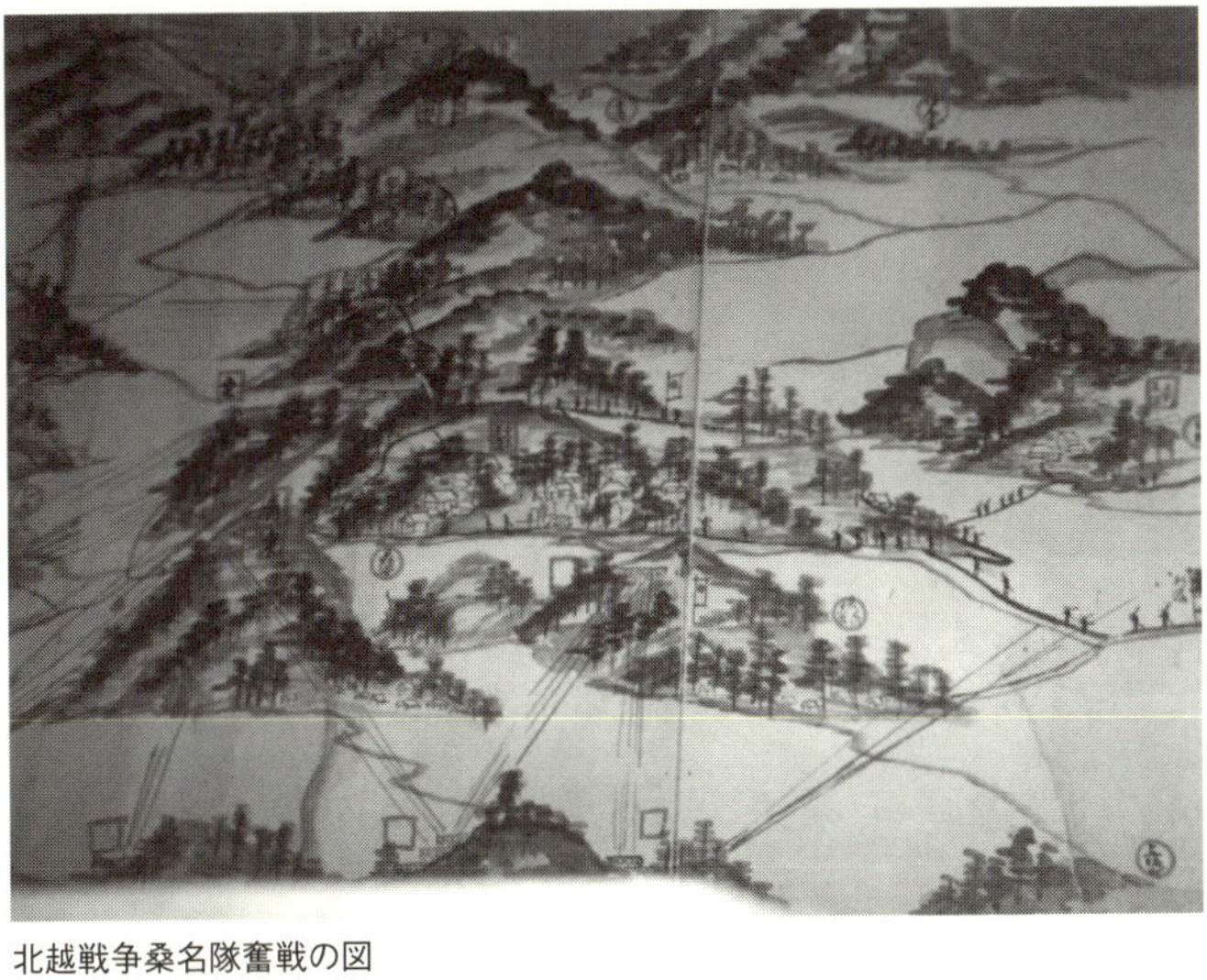

北越戦争桑名隊奮戦の図

火に巻き込んだ。それは両軍戦死者の数の多さからも歴然としている。

東軍　一一八〇名　西軍　一〇四八名　計二二二八名

このようなおおくの人命が失われたが、戦いに巻き込まれた非戦闘員の犠牲者も入れればその数はさらに増える。戦線は長岡から与板、日本海側の出雲崎まで、六〇キロに渡って膠着した。兵力は少数ながら東軍の優秀な指揮官、立見鑑三郎、河井継之助、佐川官兵衛らは西軍の山県狂介、黒田了介らを圧倒した。

その間、長州報国隊隊長勝原国助を討ち取った豪勇の馬場三九郎も戦死し、長岡城の二度に渡る攻防戦で、河井継之助も負傷、後退途中の会津塩沢で没した。そして七月二十五日、悲報が飛び込んだ。西軍が新発田藩の裏切りにより、後方の新潟に大挙上陸した。これにより戦線は一挙瓦解し、同盟軍は米沢藩を筆頭に続々と本国へ引上げを開始した。

会津イノシシ　米沢タヌキ新発田キツネにだまされた

とは後年流行った里謡である。

八月十二日、桑名隊は会津若松城下に到着、先に着いた定敬と再会を喜んだ。その後、東山温泉で戦塵を洗い流し休養した。が、この平安も長くは続かなかった。二十一日、二本松方面より侵攻した西軍は、その進撃速度を速め、母成峠に殺到し、その日午後には守備の大鳥軍を撃破、峠を突破していた。

翌二十二日、桑名隊は間道の大寺口防衛の要請を受け、定敬の見送りを受けて出陣する。夕刻、容保と定敬は味方を督戦するため出馬し、滝沢本陣へ向かった。が、その頃すでに西軍先鋒、薩摩の川村与十郎（純義、のち海軍中将）は、薩摩四番隊を率いて猪苗代から本道を十六橋に向かって突進していた。そして早くも夕刻には、破壊の遅れた橋を確保したのであった。

八月二十三日朝、西軍の猛攻を支えきれず、味方敗兵は続々と滝沢峠を駆け下ってくる。桑名藩士石井勇次郎の手記によれば、

「猪苗代戦終に退城（亀ケ城）、兵ことごとく滝沢峠に引揚来る。実に遺憾なり、両公（容保、定敬）之を見るや大に奮い、直に馬に鞭して峠の半ばに馳せ、自ら令して曰く、会（津）城の勝敗此地に在り、速に進んで防戦、此地を失うは不可」と、容保、定敬は馬上下知するが、一旦崩れた敗兵は踏みとどまらない。

飛弾激しく、ついに一弾が容保の乗馬に命中する。事態がここに及び、容保は入城を決意する。両公蚕養口に至り馬を止め、しばし談じあう。弟定敬は共に入城を願ったが、兄容保は外からの援軍をもって会津を助けてほしいと要望する。やむを得ず、涙を払った定敬は馬首をめぐらし、わずかのお供を連れて米沢に向けて落ちていった。

一方、大寺口を守備していた桑名隊は、ようやく異変に気づいた。桑名隊は兵をまとめて出発し、全員駆け足で猛進、午後二時頃城下に駆け戻った。猛煙に包

会津若松・蚕養神社

まれた城下には、すでに敵兵が充満していた。蚕養《こかい》神社には土佐、薩摩兵の一団が休んでいた。桑名隊はあくまで城内突入を目指し、立見は一計を案じた。

「我は御味方なり」と答えて整然と歩調をとって行進した。が、たちまち正体が露見した。立見以下雷神隊は抜刀し、むらがる敵兵に猛然と襲いかかった。立見は左右の敵を斬り伏せ、愛刀が折れるや敵兵の刀を奪い、さらに突進斬撃、数名を斬り捨てた。

桑名隊は蚕養口から馬場町方面へと突き進んだ。が、四方は皆敵であり、激しい十字砲火をあびて死傷者続出。やむなく立見は引き上げを令して元の蚕養口まで戻った。「定敬公は、すでに米沢に向かわれた」の知らせがあり、ほっと一安心しつつ、負傷者を助けて米沢街道を塩川に後退した。

この戦いでは桑名隊は中村藤六以下一七名の戦死者と同数の負傷者をだしたが、激戦で遺体の収容もままならず、痛恨の一戦だった。会津城下では多数の婦女子が自決し、白虎隊の悲劇があったのもこの日の出来事である。

寒河江の血戦・庄内藩降伏

八月二十五日、藩主定敬を追って桑名本隊は塩川から大塩に到着したが、藩主一行はいなかった。翌日檜原に向かったが、米沢藩が厳重な関門を設けており、この先一歩も米沢領内に入れなかった（すでに米沢は奥羽列藩同盟を脱退し、恭順の腹だった）。

九月九日、桑名本隊は土湯峠の険阻を越えて、十一日夜福島城下に着いた。しかし、ここでも一足違いで定敬一行は仙台に向かった後だった。この地で庄内藩中村七郎右衛門と偶然、再会する。庄内隊とは共に北越で最後まで戦い「一心同体」の気心が知れ合った仲である。

庄内隊の強い勧誘もあり、孤立無援で今も戦いを続ける庄内藩に合力するため、急遽、行動を共にする。桑名隊は戦力を消耗しすでに約二六〇名。内二割は傷病者だった。庄内中村隊も四小隊、実数は二五〇名ほどである。両隊は十三日福島城下を発し、笹谷峠を越えて十九日夜寒河江に到着した。

一方、敵西軍は十八日米沢城下を発して、残るは庄内鶴岡城攻略を最後の目標とし、十九日夜山形に到着した。主力は薩摩藩で総督黒田了介がこれを率い、総数二五〇〇の大軍であった。

かくて九月二十日（新暦十一月四日）の朝を迎えた。あいにく早朝より濃霧が町並みを覆い、まったく咫尺《しせき》を弁じない状況であった。桑名隊は浅井金五郎（二十三歳）を斥候に出した。浅井は乗馬で郊外に達したが、突如、霧の中から現れた敵大軍に遭遇、一斉射撃を浴びて人馬もろとも転倒した。

立見は敵大軍の襲来を察知した。直ちに兵をまとめ町外れの沼川沿いに陣を敷

長岡山古戦場碑（寒河江市）

いた。が、「我が兵百に満たず」（『泣血録』）胸壁を作る間もない裸の陣である。これでは桑名兵得意の防御戦闘もできない。圧倒的な敵銃火をあびて、死傷者が続出する。戦いは不利、立見はしんがりを引き受け後退する。

土地勘のある庄内隊は市街地の防戦不利と見るや、素早く西北一キロの長岡山に引き上げた。桑名隊の不幸は、この地は初めてで地理がまったくわからなかったことで、それでもなんとか長岡山へ引き上げ、庄内隊と守備陣を敷く。

やがて霧が晴れると、再び西軍の猛攻が始まった。しばらくは防戦したが、午後になって死傷者続出、支えきれずに長岡山を駆け下って、西北白岩方面に脱出する。

「相へだてること十歩、弾銃触撃、我遂に支える事能わず」（『泣血録』）

白岩橋を焼き落とし、追撃してきた敵と寒河江川の急流をはさんで、二時間余銃撃戦を行った。桑名隊は弾切れで最後は石つぶてを投げて抵抗、夕方より銅山越えの悪路を夜間行軍して肘折温泉に到着した。

この接戦で桑名隊は一九名の戦死者と一三名の負傷者（四名のち死亡）を出したが、介錯できたのは八名のみで遺体は収容できなかった。庄内藩も四名が戦死した。町田兄弟の実弟、町田鎌五郎（軍監助勤、二十歳）も戦死し松浦秀八が介錯し、長瀬金太（嚮導、二十歳）は薩摩兵と凄惨な斬り合いをして絶命、遺体は放置された。敵弾に倒れた泉胛之助（十七歳）は自分の佩刀での介錯を頼んだ。

庄内鶴岡に残る桑名藩士八名の墓（専念寺）

薩摩兵も戦死者九名、手負いが数名あり、桑名隊も一矢を報いている。

　桑名隊は最上川を下り、夕方清川に到着、この地の守備についた。が、二十五日、庄内藩も謝罪降伏し、翌二十六日、西軍総督黒田了介に城を明け渡した。桑名隊もここで降伏となり、城下を避けて大山（鶴岡西方六キロ）に移り、翌明治二年三月まで謹慎を続けた。ここで、大山住民の温かいもてなしを受け、数々の美談が伝えられている。桑名本隊の長い戦いはここにようやく終わった。

③

流転の藩主定敬箱館へ

藩主定敬は榎本艦隊に身を投じ、わずかなお供と共に仙台より長駆箱館へ脱出する。十数名の藩士は土方歳三の新選組に入隊、翌明治二年五月、五稜郭降伏の日まで戦いを続けるのであった。

護衛の藩士「新選組」入隊

九月十三日、藩主定敬は仙台城下にあった。あくまで徹底抗戦の決意であったが、奥羽列藩同盟の盟主仙台藩も、すでに藩論は恭順に傾いていた。ここ仙台まで追従してきた藩士は約五〇名おり、ここでまた、謝罪降伏か抗戦継続かで議論沸騰していた。

この頃、海軍総裁榎本武揚《えのもとたけあき》率いる旧幕府艦隊が品川沖を脱走し、仙台松島湾に続々と集結中であった。榎本は旗艦開陽に座上し、総勢八隻、いまだ堂々たる威容を誇っていた。さらに榎本は、蝦夷へと渡り、この地の開拓と警備をなし、できれば新たな政権を立てるつもりであった。

直ちに森弥一左衛門（公用人、三百石、四十二歳）が榎本に面会する。榎本は実質的な戦闘要員が必要なので、対応は少々冷たかった。

「定敬公乗艦の儀は速やかに承諾する。しかし随従の者は両三輩船に乗るべし。多人数は乗り難し、不義といえども辞す」と定敬と随従三人までしか乗艦を認めなかった。十七日、定敬は藩士一同に別れを告げ、髪も切って乱髪とし、銃を携え一兵士の姿になり、名も一色《いっしき》三千《みち》太郎《たろう》と改めた。

お供は成合清《なるあいきよし》（御小姓）、松岡孫三郎、成瀬杢右衛門（御用人）の三名だった。森らは何処までも随従するために同志を集め、たちまち一七士となった。直ちに新選組土方歳三の宿舎に行き、決意を述べた。歳三は一笑し快諾した。

「必ず尽力すべし、心を安んぜよ。速やかに我が隊に来れ――」

かくてこの一七名の桑名藩士は新選組に入隊する。そして大江丸に乗船し、厳寒の蝦夷に渡り、翌年五月五稜郭開城の日まで戦いを続ける。入隊者一七名は次のとおり（その他の桑名藩士約三十名はここ仙台で降伏謝罪した）。

森弥一左衛門、沢采女、石井勇次郎、谷口四郎兵衛、藤井安八、石井新八郎、関川代次郎、内山栄八、角谷糺、佐治寛、松平栄助、金子庄兵衛、前田岩太郎、竹内武雄、竹内徳雄、土田新之丞、西村五十五郎。

十月十二日、榎本艦隊は旧幕府兵約三〇〇〇を乗せ折ケ浜を出港、途中、宮古にて糧食を補給し、十九日、荒天をついて蝦夷鷲ノ木浜に投錨し、翌日上陸を開始する。新選組に入った桑名藩士は森が頭取（隊長）、角谷が改め役、石井（勇）、

土方歳三

谷口が差図役などの要職を占める。その後の戦闘で竹内武雄が戦死、佐治寛が病死、森、谷口、角谷、金子、内山が負傷する。

「五稜郭」開城、森陳明の切腹

明治二年四月六日、雪解けと共にいよいよ新政府軍来襲の報に、榎本軍は警戒を厳にし、迎撃態勢に入った。桑名藩士の所属する新選組は、弁天台場の守備についた。

翌七日、定敬は箱館脱出を決意する。随従するは、正月本国桑名よりはるばる定敬を迎えに来た家老酒井孫八郎、松岡孫三郎、後藤多蔵、金子屋寅吉の四名だった。寅吉は柏崎出身で当時は横浜の商人だが、義侠心のある人物で桑名藩と関わりの深い人物である。一行は十三日、アメリカ船に乗り、二十六日、横浜へ到着したが、定敬は下船せず寅吉とそのまま上海へ密航する。

定敬一行と一足違いに、庄内大山から山脇隼太郎、高木貞作が連絡のために箱館に到着した。仙台で渡海の機会を窺っていた木村忠次郎、長瀬清蔵も一緒だった。彼ら四人も即新選組に入隊する。

旧幕軍榎本艦隊上陸地（森町鷲ノ木浜）

かくて五月十一日、箱館戦争のロンゲスト・デイ、新政府軍総攻撃の日を迎えた。早朝より新政府軍は折からの濃霧を利用し、箱館山の裏側寒川方面へ奇襲上陸した。山の見張所を守る新選組はわずか一小隊、防戦しきれず山を下って弁天台場に入る。日が昇るにつれ晴天となり、大森浜、箱館湾の腹背より艦砲射撃を受ける。

台場の新選組の救援に駆けつけた土方歳三は、一本木関門に於て敵弾により、馬上壮烈な戦死を遂げた。

「赤子の慈母を失うかの如く、悲嘆して止まず。ああ惜しむべき将なり」(『石井日記』)。十五日、籠城四日、飲料水欠乏により弁天台場の新選組降伏。十八日、五稜郭も開城、榎本軍は降伏し箱館戦争は終結した。新選組は青森、弘前などで十月末まで謹慎を続けた。

一方、上海へ渡った定敬は路銀もなくなり、外国への逃亡をあきらめて五月十八日、横浜へ戻った。その後東京の尾張藩邸で取調べをうけたのち、津藩邸に移されさらに謹慎を続けた。罪が許されたのは、明治五年正月のことであった。謹慎中の歌が伝わっている。

鐘の音は　遠く霞に埋もれて　寝冷め淋しき春の曙

明治二年十一月八日、新選組入隊の桑名藩士計二一名は謹慎が解け、海路品川に到着した。十一日、兵部省よりの達し「格別の寛典を以て、旧藩に差戻し候也」ということで、桑名藩預かりとなった。

この日深川霊岸寺に於て、藩主定敬との対面が許された。十三日、会計方二名につきそわれ、陸路本国桑名へと向かった。森弥一左衛門陳明が桑名藩抗戦派の全責任を負って築地藩邸で切腹をし、桑名藩戊辰戦争の幕を閉じた。辞世の二首が伝わっている。

嬉しさよ　尽くす誠のあらわれて　君にかわれる死出の旅立ち
なかなかに惜しき命にありながら　君のためには何いとうべき

陳明の墓は深川霊岸寺と桑名伝馬町十念寺にあり、今も命日には慰霊がなされている。桑名城址にも「精忠苦節」なる定敬の篆額、小山正武の撰文ならびに書による殉難碑が建てられている。

高木貞作と山脇隼太郎の二名はいまだ仇討ちの遺風もあり、桑名へは帰らず東京に残りやがて渡米する。谷口、金子、角谷の三名は、そのまま東京で療養を続けた。同月二十三日、残り一五名は、無事桑名に到着、十念寺、光徳寺、顕本寺で謹慎を続ける。

森陳明（鎮国守国神社蔵）

なお、十念寺には致人隊、光徳寺には雷神隊、顕本寺には神風隊が先客で謹慎を続けており、箱館新選組の帰還組とは互いに戦場話に花が咲いた。

明治五年正月、定敬は長い謹慎生活から解放され、無罪となった。翌二月初子(初姫、先代定猷の長女)と晴れて挙式、第二の人生の出発となった。その後の定敬は、桑名藩ゆかりの戦蹟を訪ね、戦没者の法要を行い、各地に慰霊碑を建てた。柏崎だけでも四度訪れ、法要並びに碑を建てている。

その後は日光東照宮の宮司として徳川家の霊廟を守りつつ、明治四十一年七月二十一日、六十一歳で波乱の生涯を終えた。

エピローグ

現代に生きる桑名藩

明治維新後、桑名藩は先代定猷の遺子・万之助をたてて恭順し、旧禄の約半分、六万石で存続をゆるされた。同じく義をつらぬいて五分の一以下に減らされ、不毛の下北半島に流罪になった会津藩よりは、いくらかましだった。

明治四年（一八七一）、桑名も廃藩置県となり、二年後には士族の禄高交付も廃止され、旧藩士は収入の道がなくなった。やむなく、いずれも下級の役人や軍人や教員に職を求めた。上級職は薩長閥を中心とする官軍派が占め、朝敵桑名藩出身というだけで肩身の狭い、いわれなき差別を受けた。

また平古山（員弁郡）や広瀬野（鈴鹿郡）などに共同出資して、開拓に当たったが、いずれも「武士の商法」で成功しなかった。明治十年（一八七七）、西南戦争では桑名の士族四〇〇人以上が応募し出征したのも、薩摩への旧怨をはらすためだけでなく、生活の糧を得るためでもあったと思われる。

明治十三年の調査でも、桑名士族一一九二人のうち、就業者は約半分の六〇七人しかいなかった。幕末期に約二〇〇〇人いた士族は、すでに半分が桑名を離れていたのである。

これは新たな生活の場を求めてのこともあるが、実は桑名士族の間には、明治になっても抗戦派と恭順派の根深いしこりが残った。これは意見の分かれた他藩でも見られることだが、多数の恭順派からみれば、時勢を読めない少数の抗戦派が暴走した結果、朝敵とされ、それが今日の窮状になったという恨みがある。

それに引き替え、お隣の藤堂（津）藩は、鳥羽伏見の戦いの土壇場で幕府を裏切って、見事、官軍の仲間入りをした。明治になって津に県庁が置かれ、政治経済すべての面で有利に主導しており、相変わらず世渡り上手である。

それは戦前までの話で、現在そんなことはないだろう、と思われるかもしれないが、今も隠然としてまたは顕著に、あちこちで感じられることである。

戊辰戦争では桑名城下は無血開城し、一応は平穏無事だった。明治二十二年（一八八九）、東海道線が開通したが、愛知—岐阜—滋賀ルートをとったために宿駅は不用となり、水運もさびれてしまった。しかし、明治四十年、関西本線が開通、その後は地の利を生かし富国強兵の軍需産業の活発化に便乗し、重工業が大いに発展した。

しかし、この間の戦争では、昭和二十年七月十七日、七月二十四日、二度にわたる大空襲で四九三名という多数の戦没者を出し、市街の重要な建造物を含め八割が灰燼に帰した（ちなみに会津ではこの間の戦争とは、戊辰戦争のことである）。

市民が力を合わせ、復興に立ち上がり、一段落を得た昭和三十四年九月二十六日、再び大災害に見舞われた。潮岬上陸時に九二〇ミリバールという、史上最大級の台風（伊勢湾台風）が三重県を北上し、桑名地方を直撃した。強風による高潮のため、堤防五四カ所が決壊、多くの地域が冠水し大被害を出したのは記憶に新しい。

この二度に渡る災厄で、多くの歴史的文化遺産（建造物、古文書、資料など）が失われ、七里の渡しなど、古き良き水郷桑名の風景は大いに様変わりした。

それはまことに残念なことではある。が、その後は交通至便で、高度経済成長の波に乗ったこともあり、桑名市は見事な近代的文化都市へと変貌を遂げ、今後も発展を続けることだろう。

平成十三年（二〇〇一）には桑名開府四〇〇年」、「東海道宿駅制定四〇〇年」にあたり、〃平成のまちづくり「くわなルネッサンス」〃記念行事として、数々のイベントが催され、輝かしい二十一世紀のスタートを飾った。

その一つとして『桑名開城その前夜・戊辰物語』なるドラマが上演され、筆者もかけつけて見る機会を得た。聞けば一般公募で選ばれた地元のアマチュアの役者さんたちの総出演とのことだったが、その素晴らしい出来栄えに大いに興奮し感動した（特に凛とした珠光院役の立居振舞は見事で、深く印象に残った）。今後も機会あれば、定期的に上演していただきたいものである。

歴史の先輩たちに「桑名へ行っても何もないよ」等といわれながら、初めて桑名へ調査に訪れた二十年前と比べ、現在はたしかに歴史遺産や市街は整備され美しくよみがえっている。

また桑名を訪れた歴史好きな友人知人も、意外に見るべきものが多くて、一日では回れなかったが、どこで道を訪ねても人々は親切だった、などと聞くと大いに嬉しくなる。今後も城下町としての特色を生かし、桑名の歴史（先人たちの苦労）を大切にする文化的なまちに発展していくことを願っている。

あとがき

石取りの　桑名に生まれ　男かな　　　静堂

桑名人は一言でいえば、物なりがよく温暖な風土のせいか、おっとりしていて保守的である。しかし、プライドは高く反骨精神は大いにある。身体の内に流れる熱き血とエネルギーは、日本一喧しい祭り「石取祭」に見事に溶け込んで、今も静かに流れている。

桑名藩が歴史上に華々しく登場したのは、本文で詳しく述べたように、幕末、若き藩主松平定敬が京都所司代に就任してからである。定敬が上洛し、実兄の会津藩主松平容保（京都守護職）とともに、朝廷の守護と京都の治安を守るために努力し、孝明天皇の信任も得た。立派に徳川三百年の恩顧に報いたのだ。

しかし、時世は我に利あらず、わずか四年後には幕府は崩壊し、朝敵賊軍の汚名を着せられた。「伊勢ツ子正直」（口の悪いのは、「伊勢乞食」ともいうが）、世渡り下手な桑名人には、これはこれでよかったのではないだろうか。

桑名の随筆家、成瀬関次の『茶壺』に次のような一節がある。

——桑名の士族に、それも戊辰戦争の生残りの人々に、賊徒だの朝敵だのと言おうものなら、噛みつくような顔をして怒鳴られます。かれ等は一様に「天子様に弓を引いた覚えは毛頭ない。敵は薩長だった。しかも徳川将軍が、政権を返上し奉った後のことだった。あれは薩長から仕かけた私闘で戦争ではなかったのだ」と言って抗弁します。そして最後に、「武士として、ただおかみの命令を聞いてその通りに働いただけのことさ。その命令のうちに、一度も、天子様にお手向かい申せという言葉は聞かなかった。ただそれだけのことさ」と結んで再び言いませんでした。

筆者の先祖も桑名の下級武士だった。特に筆者の祖母京《きょ》の父・関川代次郎は藩主定敬を護衛して箱館へ渡り、土方歳三の「新選組」に入隊した硬骨漢だった。明治十年の西南戦争にも出征、その後は尾鷲警察の巡査となり一生を終えた。彼の後半生は『茶壺』の言葉にすべて要約されているようだ。

先祖の墓参も兼ねてたびたび桑名へは帰る。そのたびにのんびりした伊勢言葉と温かい人情のもてなしを受けて心が安まる。先に桑名では戦災と伊勢湾台風で貴重な文化遺産が多数失われた、と述べた。

実は、筆者はヨーロッパ中世都市のように、桑名駅の東側は旧市街、西側は新市街とひそかに呼んでいる。旧市街は散策するたびに意外な新発見があり、このままいつまでも残してほしいと思うものもある。

さらに、桑名の歴史に親しみ、歴史を大切に後世に伝える場所として、できれば桑名城天守閣を再建し、そこに常設の歴史資料館・博物館ができれば最高と考えている。それは桑名市民だけではなく、全国から桑名を訪れる歴史と旅のファンのためでもある。

平成十年十月、第十回戊辰東軍（旧幕府軍）殉難者慰霊祭が桑名十念寺で開催された。現当主松平定純氏、水谷桑名市長をはじめ、地元桑名はもとより全国から多数の関係者、子孫、歴史ファンなどが集まった。筆者も記念講演をさせていただき、二次会も大いに盛上がった。地元から参加した長老水谷宏氏などから、いきなり「桑名の殿様」を歌えといわれた。これを知らないのはモグリだという。大汗かいてなんとか歌ったが、気がつけば水谷氏は立上がり、上手に踊っていた。私にだけ恥をかかさないようにとの、温かい思いやりだった。桑名藩が歴史上の表舞台に華々しく登場するのは、やはり幕末である。若き藩主定敬が京都所司代に就任し、四年後幕府は崩壊、つづいての戊辰戦争では会津を助け、義のために敢然と戦い、徳川三百年の恩顧に報いた。

その間、藩主不在の桑名は無血開城した。この流れは実にドラマチックであり、朝敵賊軍の汚名を被ったとはいえ、少しも天下に恥じることはない。

終わりに、桑名藩の通史を世に出す機会を与えていただき、編集から大いなる熱意でもって御世話になった、現代書館・菊地泰博社長に感謝の意を表し結びといたします。

主要参考文献

1 近藤杢・平岡潤編『桑名市史・本編』（昭和三四年、桑名市教育委員会）
2 〃 〃 『桑名市史・補編』（昭和三五年、桑名市 〃 ）
3 〃 〃 『桑名の伝説・昔話』（昭和四〇年、桑名市 〃 ）
4 『日本史総合辞典』（一九九一、東京書籍）
5 新版『日本史辞典』（一九九六、角川書店）
6 伊藤信夫編『桑名人物事典』（昭和四六年、三重県郷土資料刊行会）
7 西羽晃『桑名歴史散歩』（昭和四九年、愛郷）
8 〃 『郷土史を訪ねて』（平成十三年）
9 新人物往来社編『松平定敬のすべて』（一九九八、新人物往来社）
10 郡 義武『桑名藩戊辰戦記』（一九九六、新人物往来社）
11 『三百藩藩主人名事典』（一九九九、新人物往来社）
12 加太邦憲『自歴譜』（一九八二、岩波書店）
13 別冊歴史読本増刊『江戸大名血族事典』（一九九一、新人物往来社）
14 『新版 三重県の歴史散歩』（一九九四、山川出版社）

協力者

桑名市博物館
桑名市経済環境部観光課

郡　義武（こおり・よしたけ）

昭和十五年（一九四〇）三重県桑名市生まれ。平成十二年大日精化工業（株）を定年退職。

現在上尾市生涯学習指導員、歴史作家。

主要著書に『桑名藩戊辰戦記』『秋田・庄内戊辰戦争』『坂井三郎「大空のサムライ」研究読本』。

共著に『松平定敬のすべて』『戊辰戦争全史』『三百藩戊辰戦争事典』『江戸東京史跡事典』『新選組資料集』他。

シリーズ藩物語　**桑名藩**

二〇〇九年十一月十五日　第一版第一刷発行

著者――――郡　義武
発行所――――株式会社　現代書館
東京都千代田区飯田橋三―二―五　郵便番号　102―0072
電話　03―3221―1321　FAX　03―3262―5906　振替　00120―3―83725
発行者――――菊地泰博
組版――――デザイン・編集室　エディット
装丁――――中山銀士＋杉山健慈
印刷――――平河工業社（本文）東光印刷所（カバー、表紙、扉、帯、見返し）
製本――――越後堂製本
編集協力――――黒澤　務
校正協力――――岩田純子

ISBN978-4-7684-7117-3

http://www.gendaishokan.co.jp/

江戸末期の各藩

松前、八戸、七戸、黒石、**弘前**、**盛岡**、**一関**、秋田、亀田、本荘、秋田新田、仙台、松山、**新庄**、**庄内**、天童、長瀞、**山形**、上山、**米沢**、米沢新田、相馬、福島、二本松、三春、**会津**、守山、棚倉、平、湯長谷、泉、**村上**、黒川、三日市、**新発田**、村松、三根山、与板、**長岡**、椎谷、**高田**、糸魚川、松岡、笠間、宍戸、水戸、下館、結城、古河、下妻、府中、土浦、麻生、谷田部、牛久、大田原、黒羽、烏山、高徳、喜連川、宇都宮、壬生、吹上、**足利**、佐野、関宿、高岡、佐倉、小見川、多古、一宮、生実、鶴牧、久留里、大多喜、請西、飯野、佐貫、勝山、館山、岩槻、忍、岡部、川越、沼田、前橋、伊勢崎、館林、高崎、吉井、小幡、安中、七日市、飯山、須坂、松代、上田、**小諸**、岩村田、田野口、**松本**、諏訪、**高遠**、飯田、金沢、荻野山中、小田原、沼津、小島、田中、掛川、相良、横須賀、浜松、富山、加賀、大聖寺、郡上、高富、苗木、岩村、加納、大垣、高須、今尾、犬山、挙母、岡崎、西大平、西尾、吉田、田原、大垣新田、尾張、刈谷、西端、長島、**桑名**、神戸、菰野、亀山、津、久居、鳥羽、宮川、彦根、大溝、山上、西大路、三上、膳所、水口、丸岡、勝山、大野、福井、鯖江、敦賀、小浜、淀、新宮、田辺、紀州、峯山、宮津、田辺、綾部、山家、園部、亀山、福知山、柳生、柳本、芝村、郡山、小泉、櫛羅、高取、高槻、麻田、丹南、狭山、岸和田、伯太、豊岡、出石、柏原、篠山、尼崎、三田、三草、明石、小野、姫路、林田、安志、龍野、山崎、三日月、赤穂、鳥取、若桜、鹿野、津山、勝山、新見、岡山、庭瀬、足守、岡田、岡山新田、浅尾、松山、鴨方、福山、広島、広島新田、高松、丸亀、多度津、西条、小松、今治、松山、新谷、大洲、吉田、宇和島、徳島、土佐、土佐新田、松江、広瀬、母里、浜田、津和野、岩国、徳山、長州、長府、清末、小倉、小倉新田、福岡、秋月、久留米、柳河、三池、蓮池、唐津、佐賀、小城、鹿島、大村、島原、平戸、平戸新田、中津、杵築、日出、府内、臼杵、佐伯、森、岡、熊本、熊本新田、宇土、人吉、延岡、高鍋、佐土原、飫肥、薩摩、対馬、五島（各藩名は版籍奉還時を基準とし、藩主家名ではなく、地名で統一した）

★太字は既刊

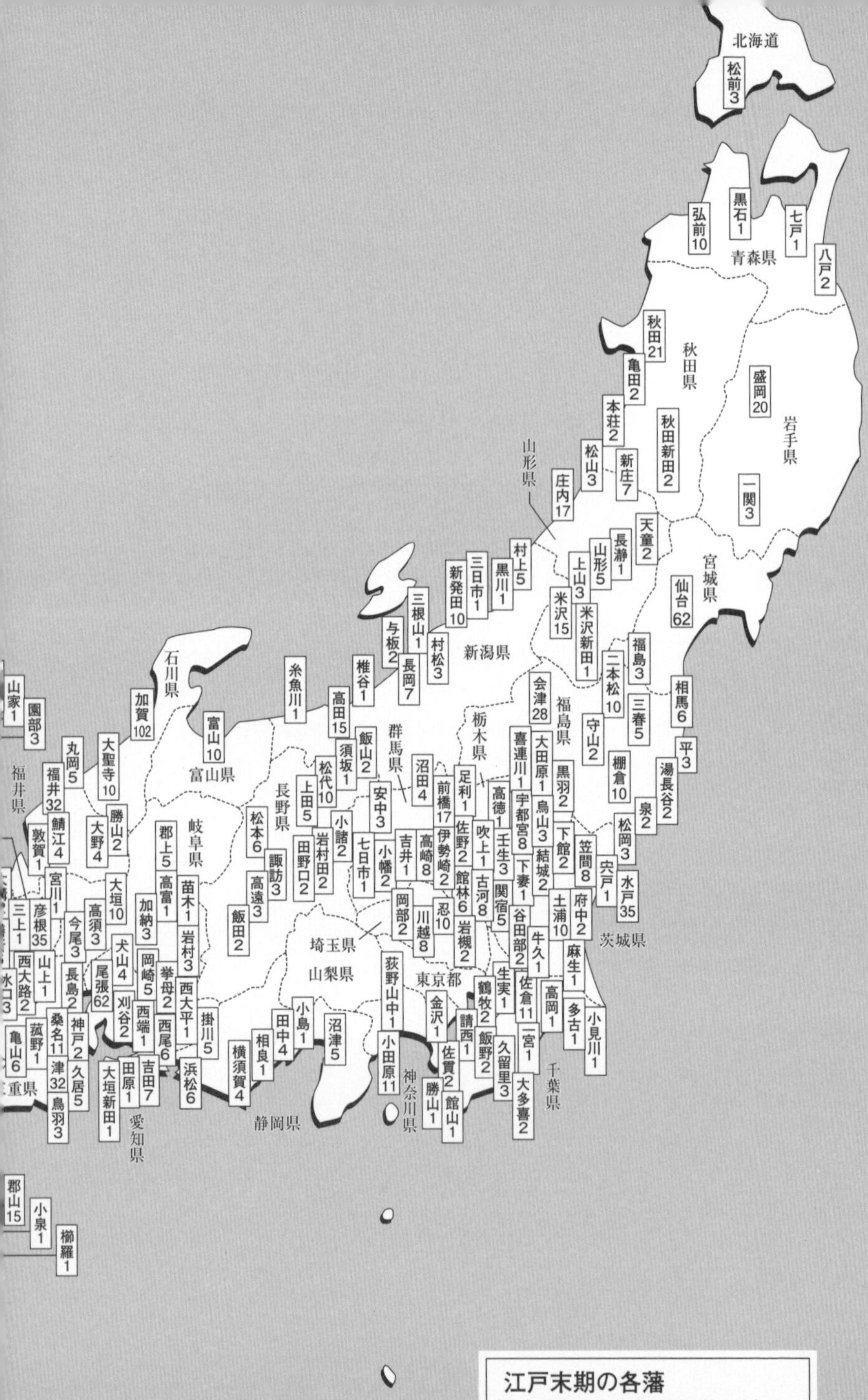

江戸末期の各藩
（数字は万石。万石以下は四捨五入）